DEUTSCHLAND

IM JAHR

2030

Ein Land konvertiert zum Islam

Impressum

 Für Anregungen, Interviews und Hinweise wenden Sie sich bitte an

michael.berlach.autor@gmail.com

Rezensionen, Hinweise und Anregungen auf Amazon und andernorts sind vom Autor gerne erwünscht. Vielen Dank für Ihr Interesse!

R: 236 W. p. S. / „4,25 x 7“ (10,795 x 17,78 cm)

MGJV - Juni 2016

Is·lam

Verbalsubstantiv [der], abgeleitet von dem Verb *aslama*.

Wörtliche Bedeutung: Völlige Unterwerfung

Inhaltsverzeichnis

1 Intro

„Deutschland kann kein arabisches Land werden."

Der Dalai Lama

Im letzten Jahr – noch vor Beginn der Flüchtlingslawine – eroberte der französische Schriftsteller Michel Houellebecq mit seinem Roman *Unterwerfung* weltweit die Buchhandlungen. In dem Werk beschreibt der Autor den immer stärker werdenden Einfluss islamischer Institutionen auf Frankreich und fantasiert im lockeren Tonfall über eine schleichende Machtübernahme seines Landes durch diese fremde, so gebärfreudige Macht.[1]

Wohl wissend um die aggressiv-vernichtende Stimmung, die in ganz Europa von Seiten der liberalen Meinungsdiktatur jedem entgegenschlägt, der die Verhältnisse offen benennt, rettet sich Houellebecq durch die literarische Form des Romans und flüchtet sich von Zeit zu Zeit in Ironie und westliche Selbstkritik. Und so wurde sein Werk auch aufgenommen. Selbst die vergleichsweise konservative WELT lobte das Buch als *„eine der witzigsten, wenn nicht aberwitzigsten Arbeiten, die der Autor je geschaffen"* habe.[2] Dabei ist das Buch weder das eine noch das andere. Was Houellebecq verkannte war lediglich, dass die Bundesrepublik Deutschland für die islamische Welt der weitaus wahrscheinlichere Übernahmekandidat ist.

Wie die folgenden Kapitel darlegen werden, spricht tatsächlich vieles für die Gefahr, dass dieses Land bereits in wenigen Jahren ein islamischer Vorposten mitten in Europa wird. Absurd und übertrieben? Muslimische Staaten schaffen heute bereits eifrig und in aller Stille die nötigen Grundlagen, um die hiesige Kultur und die Wirtschaft im großen Stil zu unterwandern: Arabische Staatsfonds kaufen sich in wichtige Schlüsselindustrien ein, türkische Religionsbehörden entsenden viele Hundert einflussreiche Imame und reiche Ölstaaten finanzieren Moscheen, die tatsächlich heute schon ungezählt sind im Land.

Der deutschen Regierung wie auch den Oppositionsparteien fehlt offenkundig der politische Wille, hiergegen vorzugehen, obwohl den Nachrichtendiensten kaum entgangen sein kann, was jeder offen recherchieren kann, wenn er die Situation ohne ideologische Scheuklappen bewertet.

Stattdessen wird in epischer Breite belanglos über Nebenkriegsschauplätze debattiert, die gegenüber den eigentlich relevanten Bedrohungen die Funktion von Nebelkerzen einnehmen. *„Die Politik ist das Paradies für zungenfertige Schwätzer“*, meinte George Bernard Shaw. Daran hat sich leider bis heute nicht viel geändert, abgesehen davon dass viele Sonntagnachmittagstalkshows immer wieder eindringlich belegen, dass manche nicht einmal mehr „zungenfertig“ sind.

Die „westlichen“ Staaten werden sich, wenn es soweit ist, damit arrangieren, wie sie sich immer arrangiert haben und mit dem mahnenden Beispiel Deutschlands vor Augen die eigenen Grenzen abschotten. In Großbritannien, Frankreich und den USA richten heute schon führende Spitzenpolitiker ihre Zeigefinger ausdrücklich auf die katastrophalen Folgen in Deutschland und vertreten mit Verweis auf Merkels Politik die Abschottung ihrer eigenen Grenzen.[3]

Die Folgen werden sich in der Innen- und Außenpolitik zeigen, doch vor allem im Straßenbild und im Alltag: Wer als junge Frau nicht beschimpft und belästigt werden möchte, wird sich in einigen Jahren weitaus zugeknöpfter anziehen als heute; Homosexuelle und Angehörige religiöser Minderheiten – insbesondere des Judentums – werden im ersten Schritt auf öffentliche Bekundungen ihrer Identität verzichten bevor sie schließlich ganz an den Rand der Legalität getrieben werden.

Zu vielen größeren und kleineren Veränderungen wird es auf allen Ebenen staatlichen Handels kommen: Das Arabisch und Türkisch als Amtssprache gefordert werden, ist bei entsprechend großen Bevölkerungsgruppen nur naheliegend. Auch die Schulen werden sich umstellen müssen. Opportunisten aus Wissenschaft und Politik fordern heute schon, dass Arabisch verpflichtende Schulsprache neben Deutsch wird. Das Mädchen und Jungs gemeinsam unterrichtet werden ist überdies vielen strenggläubigen Muslimen ein Dorn im Auge. Wie wäre es außerdem mit getrennten öffentlichen Waschräumen für Muslime und „unreine" Nicht-Muslime? In Frankreich und andernorts kam die Idee unter Muslimen bereits auf. Wenn die ersten muslimischen Parteien Fuß fassen, sind den Fantasien keine Grenzen gesetzt.

All das und mehr ist schließlich selbst in gemäßigten islamischen Staaten heute schon Alltag.

Mit einer sehr hohen Wahrscheinlichkeit wird außerdem der Terrorismus im Land eine zunehmende Rolle spielen. Heute schon – das hat die Vergangenheit immer wieder gezeigt, nutzen islamische Terroristen das Land als Zwischenbasis und Rückzugsort, um von deutschem Boden aus todbringenden Terror zu exportieren. Paris ist ein mahnendes Beispiel, doch auch für die Terroranschläge in New York am 11. September 2001 diente Deutschland als Logistik- und Planungsstandort.

Doch das ist nicht der einzige Terrorismus, der uns droht. Spezialeinheiten der Bundespolizei haben unlängst auf Betreiben der Generalbundesanwaltschaft mit hohem personellem Aufwand die Gründung einer rechtsradikalen deutschen Terrororganisation, der „Gruppe Freital", mehr oder weniger im Keim erstickt – doch das wird kaum auf Dauer gelingen.[4] Die an den Rand gedrängte deutsche Quasi-Minderheit wird sich in Teilen nicht mit der Islamisierung unseres Landes abfinden. Schon heute halten die deutschen Sicherheitsdienste eine erfolgreich operierende Neuauflage des NSU-Terrorismus für durchaus nicht unwahrscheinlich.[5] Wird eine Art Neo-NSU das Land mit Terror überziehen und damit schmerzhafte Kollateralschäden, auch und gerade für den deutschen Teil der Bevölkerung bewirken? Das ist aus heutiger Perspektive leider überwiegend wahrscheinlich.

Alles undenkbar und Panikmache? Abgesehen davon, dass es die Aufgabe dieses Buches sein wird, die Annahmen mit Zahlen, Daten und Fakten zu untermauern – wagen Sie doch einmal ein kleines Gedankenexperiment: Wir alle erinnern uns noch ziemlich gut an die Zeit um die Jahrtausendwende und kurz danach. Das ist nur etwa eineinhalb Jahrzehnte her. Hätten Sie damals gedacht, dass Deutschland heute politisch so dasteht, wie es dasteht? Ein Staat, der die eigenen Grenzen nicht schützen kann und will? Angewiesen auf Griechenland, die Türkei und das kleine Österreich als Türsteher? Hätten Sie gedacht, dass wir rechts von der CSU eine weitere Partei benötigen und sich über Nacht eine „Alternative für Deutschland (AfD)" etabliert?

Hätten Sie gedacht, dass sich in Deutschland ein Gesinnungsfaschismus etabliert, der jedem unbescholtenen Bürger sofort braunes Gedankengut unterstellt, der von seinem

Grundrecht auf Meinungs- und Redefreiheit Gebrauch macht und ehrlich besorgte Fragen zum politischen Kurs der Regierung stellt? „Besorgte Bürger“ sollte das Unwort des Jahrhunderts werden.

Hätten Sie damals gedacht, dass dereinst zu Silvester 2016 junge deutsche Frauen inmitten unserer Großstädte auf öffentlichen Plätzen massiv belästigt und wie Vieh durch die Straßen getrieben werden? Von einer Horde Krimineller, die hier von Rechts wegen nicht einmal sein dürften? Und dass gegen diese Personengruppe erstens nicht ernsthaft etwas unternommen wird und das zweitens die deutsche sogenannte Elite – von der Politik über die Polizeiführung bis hin zu den sonst so bissigen Feministinnen im Land – nichts unversucht lässt, um die Vorgänge zu verharmlosen und zu verschleiern?

Hätten Sie gedacht, dass gewählte deutsche Parlamentarier ohne Konsequenzen vor ein deutsches Abgeordnetenhaus treten und öffentlich bekunden, dass die deutsche Bevölkerung in absehbarer Zeit eine Minderheit sein wird und das das auch „gut so“ sei?[6]

Diese Liste ließe sich noch eine ganze Weile weiter fortsetzen. Über die bevormundenden Medien zum Beispiel, die sich seit Beginn der Flüchtlingskrise mehr denn je einen Erziehungsauftrag für die komplette Bevölkerung anmaßen, haben wir noch gar nicht gesprochen.

Klar ist: Eineinhalb Jahrzehnte reichen ganz offensichtlich völlig, um unser Land grundlegend zu verändern. Ausgehend von diesem simplen Gedankenexperiment ist es nun eine viel kleinere kognitive Hürde sich vorzustellen, welche weiteren weitreichenden Veränderungen unserem Land in weiteren eineinhalb Jahrzehnten bevorstehen können, je nachdem wie aktiv oder passiv wir das Geschehen steuern.

Optimisten sind nur schlecht informierte Realisten lautet ein beliebter und häufig kolportierter augenzwinkernder Sinnspruch. Dennoch wollen wir hier nicht nur Pessimismus verbreiten. Die Zukunft kommt nicht über uns wie ein unabwendbares Naturereignis. Natürlich haben wir es im Moment noch in der Hand, das Heft zu wenden. Auch davon, wie das gelingen kann, wird dieses Buch handeln.

Allerdings ist der Zeitpunkt vorbei, wo das mit sanften, minimalinvasiven Maßnahmen möglich gewesen wäre. Wenn ein Tanker in zehn Kilometern Entfernung eine Sandbank ausmacht, kann er noch gemächlich gegensteuern und die Gefahr ohne große Aufregung umkreisen. Wenn die Sandbank jedoch nur noch einen Kilometer entfernt ist, hilft allerdings nur noch ein radikaleres Manöver, bei dem die Mannschaft durcheinander gewirbelt wird.

Für Deutschland heißt das: Jetzt umzusteuern erfordert deutliche Zumutungen für unsere politische, wirtschaftliche und journalistische Elite, deren Daseinsberechtigung ohnehin davon abhängen sollte, ob Sie dem Wohl der Bevölkerung dient. Der *deutschen* Bevölkerung, wohlgemerkt. Die meisten der sogenannten Neubürger werden wir nur befristet aufnehmen können – das ist schlichte Realpolitik, wie sie in anderen Ländern längst allgemeiner Konsens ist. Selbst der Dalai Lama riet der deutschen Politik unlängst dazu, die Aufenthalte zu befristen.

Ein echter Kurswechsel wird überdies nur mit einer neuen Regierung möglich sein, die einen Neuanfang auch personell glaubwürdig vertreten kann. Funktionsträger wie Merkel, Gabriel und Maas haben jegliche Glaubwürdigkeit restlos verspielt.

Auch jenen Zugewanderten, die tatsächlich hier bleiben dürfen, müssen wir *echte* Integrationswilligkeit zumuten – und sie bei Erfolglosigkeit ohne Umschweife des Landes verweisen.

2 Deutschland im Jahr 2016 – Eine Bestandsaufnahme

Egal ob Politiker, Journalisten oder Verbandsvertreter: All jene, die auf dem Marktplatz der Meinungen gerade mit der Aussage unterwegs sind, man könne die jetzt angekommenen Flüchtlinge durchaus integrieren, man müsse sich nur mal wirklich und wahrhaftig bemühen,[7] lassen sich grob in drei Kategorien einteilen.

Kategorie Eins bilden jene, die chronisch uninformiert sind. Wer auch nur einigermaßen die tagesaktuelle Politik verfolgt und seine Umgebung bewusst wahrnimmt, der weiß, dass Deutschland auch schon *vor der Flüchtlingskrise* ein schwerwiegendes Problem mit Integration hatte. Mögen die Gelehrten auch streiten, wer daran schuld trägt – im Ergebnis ist es nun einmal so, dass das Land schon vor 2015 wachsende Ausländerghettos hatte; dazu ein massives Problem mit arabischen kriminellen Clans, denen die Polizei heute strukturell nicht mehr Herr wird. Die Bildungsferne dieser Personengruppen, die ihren Sozialhilfeempfänger-Status mitunter von Generation zu Generation weiterreichen, ist ein weiteres, tiefliegendes und teilweise auch ursächliches Problem.

Woher kommt also der Glaube, es könne jetzt mit den Millionen Neuankömmlingen plötzlich gelingen, was zuvor unter weitaus einfacheren Bedingungen offenbar schon nicht machbar war? Die Angehörigen der Kategorie Eins können sich also nur damit herausreden, dass sie entweder gerade erst aus langjährigem Koma erwacht sind oder aber bis vor kurzem im Wald gelebt haben und von Wölfen aufgezogen wurden – abgeschottet von jeder Zivilisation und jedem Newsticker.

Kategorie Zwei bilden jene, die augenscheinlich genau Bescheid wissen und dennoch – bewusst irreführend – das Gegenteil behaupten. Womöglich weil sie denken, damit einem irgendwie gearteten größeren Interesse zu dienen oder weil sie dem Herdentrieb folgen. So oder so – diese Menschen arbeiten bei Lichte betrachtet direkt und unmittelbar gegen die Interessen der Bundesrepublik Deutschland. Sie stellen das Interesse der Angehörigen anderer Völker über die Interessen der eigenen Bevölkerung.

Zugegeben, das klingt reichlich dramatisch und in normalen Zeiten würde sich eine solche Interessenabwägung gar nicht erst ergeben. Deutschland ist ein reiches Land und mehr oder minder ist es in der Vergangenheit immer gelungen, ausreichend Ressourcen bereit zu stellen, um Ansprüchen aus allen Richtungen gerecht zu werden – egal ob es um notleidende Banken, schlecht wirtschaftende Staaten oder einfach nur Lobbygruppen wie etwa die Hoteliers ging. Egal wer die Hand aufhielt in Europa und der Welt – Deutschland war stets mit dem Portemonnaie zur Stelle.

Mit Beginn der Flüchtlingskrise zeichnete sich jedoch schnell ab, dass diese Politik nicht mehr funktionieren würde – dafür war die Völkerwanderung quantitativ und qualitativ zu anspruchsvoll. Schließlich hat Deutschland den Anspruch, den Millionen Flüchtlingen weitaus mehr Mittel bereitzustellen, als eine Zeltstadt in der Wüste. Es zeigte sich rasch, dass es so oder so zu Zumutungen kommen würde: Entweder für die Asylsuchenden, die man in großer Zahl hätte auf Nachbarländer verweisen müssen – Grenzschließungen inklusive –, oder aber für die Deutschen, indem man das Land für alle und jeden öffnet.

Die deutsche Bundeskanzlerin – eigentlich so sehr für ihr Abwarten und Aussitzen bekannt, dass es schon die Vorlage für zahlreiche Karikaturen bildete, suchte sich ausgerechnet diesen Moment der Geschichte aus, um nun doch einmal eine klare Entscheidung zu treffen. Das Ergebnis ist bekannt, wird jedoch im Moment noch unterschiedlich interpretiert.

Es war im Frühjahr 2016 in Hannover, als Barak Obama seine deutsche Amtskollegin lobte, sie stehe *„auf der richtigen Seite der Geschichte“*.[8] Dass er selbst im Traum nicht daran denkt, die Grenze zu Mexiko zu öffnen um auch auf „der richtigen Seite der Geschichte“ zu stehen, sei hier mal dahingestellt. Von massenhaften amerikanischen Greencards für Syrer und Afghanen ist auch nichts bekannt geworden. Die USA, obwohl weit größer als Deutschland, haben für das Jahr 2016 gerade mal 80.000 Flüchtlinge insgesamt genehmigt; davon 10.000 aus Syrien. Da sind bei uns mittelgroße Städte aufnahmebereiter. Wie es scheint, ist es für die deutsche Kanzlerin ziemlich einsam auf ihrer Seite der Geschichte.

Selbst wenn man einmal annimmt, dass ihre Haltung zu Beginn der Flüchtlingskrise – als noch nicht alle Folgen absehbar waren und ad hoc-Entscheidungen getroffen werden mussten, berechtigt gewesen wäre, so hätte sie doch in den folgenden Wochen rasch zu einer Kehrtwende finden müssen. *„In der Politik geht es nicht darum, recht zu haben, sondern recht zu behalten“*, meinte Konrad Adenauer. Falls Merkel jemals in der Angelegenheit recht gehabt haben sollte – behalten hat sie es jedenfalls nicht.

Vielmehr hat sie, nüchtern betrachtet, der Bundesrepublik Deutschland einen kulturellen und finanziellen Schaden beschert, wie kein deutscher Regierungschef seit dem Ende des Zweiten Weltkriegs. Die Folgen werden unser Land auch im günstigsten aller Fälle über Jahrzehnte beschäftigen.

Die dritte Gruppe schließlich ist die traurigste. Es sind jene Übriggebliebenen der Achtundsechziger-Generation, die Ihre Ideologie derart verinnerlicht haben, dass sie mit schnöden Fakten nicht mehr zu erreichen sind. Multikultis, die heute noch alte Geschichten von Rudi Dutschke und anderen Ikonen ihrer Zeit erzählen und es nie über sich bringen konnten, die Wollsocken wegzuschmeißen, die sie auf dem Gründungskongress der Grünen für ihre Kommune gestrickt haben.

Formal gesehen haben die Mitglieder der Kategorie Drei Zugang zu aktuellen Informationen; doch weil diese nicht in ihr Weltbild passen, werden Fakten einfach negiert. Das ist ironischerweise eine gemeinsame Schnittmenge, die sie mit ihren Gegenspielern auf der rechten Seite des politischen Spektrums teilen. Eingefleischte Rassisten und Neonazis sind ebenso wenig nicht mit Fakten und Argumenten zu erreichen, egal wie zwingend sie auch sein mögen.

Was dabei herauskommt, ist eine äußerst schräge Interpretation aktueller Geschehnisse. Das beste Beispiel waren die Geschehnisse der sogenannten Kölner Silvesternacht, die gemessen an der Zahl der Übergriffe auch Hamburger Silvesternacht oder Stuttgarter Silvesternacht etc. hätte heißen können.

Für Altachtundsechziger und andere Multikultis war das ein schwerwiegender innerer Konflikt: Eigentlich gilt: Übergriffe auf Frauen sind böse. Punkt. Frauen entscheiden selbst darüber, mit wem sie intim werden. Punkt. Andererseits: Flüchtlinge werden verfolgt und brauchen unseren Schutz! Von ihnen geht nur Liebe, Freundschaft und Harmonie aus! Wie passt das nur zusammen? Viele abstruse Kommentare aus dieser Ecke zeugten im Nachgang der Ereignisse von der inneren Zerrissenheit.

Claudia Roth etwa, Mitglied der Grünen und auf dem Papier Feministin, verharmloste die Ereignisse explizit[9] und meinte: *„Das, was in Köln passiert ist, ist furchtbar und mit nichts zu entschuldigen"*, es werde aber *„vernebelt, dass diese Form von Gewalt in Deutschland leider ein altes Phänomen ist (...) So zu tun, als wären die Vorfälle aus der Silvesternacht die ersten Ausbrüche sexualisierter Gewalt in unserer Gesellschaft, ist falsch."* Schließlich gäbe es auf dem Oktoberfest und an Karneval ja auch immer schon Übergriffe auf Frauen, also alles wie immer.

„Whataboutism" nennt man diese Kunstform der Rhetorik: Ein Vorwurf wird einfach mit einem relativierenden Gegenvorwurf gekontert. Es handelt sich natürlich nur um eine Nebelkerze – die Vorgänge in der Silvesternacht waren abscheulich und lassen sich nicht mit Vorgängen andernorts exkulpieren. Abgesehen davon, dass die sexuellen Belästigungen auf dem Oktoberfest, gemessen an denen in der Silvesternacht, qualitativ und quantitativ Kindergartenniveau haben.

Nun ist Frau Roth mutmaßlich nicht dumm. Sie weiß genau, dass etwas Derartiges in ihrer Wucht und Masse nie zuvor im Land vorgekommen ist. Die Ursächlichkeit der Kultur dieser Menschen aus Afghanistan und Nordafrika auf ihr Verhalten gegenüber den Frauen ausgerechnet jenes Landes, dass sie so fürsorglich und bereitwillig aufgenommen hat, liegt evident auf der Hand. Es ist doch bittere Ironie: Flüchtlinge kommen auf deutschen Bahnhöfen an und werden als erstes von hilfsbereiten, freundlichen jungen Frauen empfangen. Nur wenige Wochen später bedanken sich hunderte Flüchtlinge bei ebenjenen Frauen – ebenfalls am Bahnhof –, indem sie sie ausrauben, bedrängen und auf das Widerlichste belästigen.

Wenn man also unterstellt, dass Menschen wie Claudia Roth – die hier nur beispielhaft zitiert wurde –, nicht böswillig agieren, so bleibt nur noch der Schluss, dass sie Gefangene ihrer eigenen Ideologie sind und sich nicht anders zu helfen wissen. Doch hemmungslose Relativierungen waren nur eine Strategie.

Eine andere beliebte Vorgehensweise bestand darin, dass man die Schuld auf die Prügelknaben der Nation schob: Die Polizei.

Nun werden Polizisten schon lange dahingehend erzogen, unter beinahe keinen Umständen die Waffe zu verwenden, mit der sie zur Abschreckung durch die Gegend laufen. Im Alltag treten Polizisten eher wie Schülerlotsen auf, als dass sie mit gemessener Autorität das Gewaltmonopol des Staates repräsentieren dürften. Gleichwohl wird immer ihr Versagen beklagt, wann immer das politisch opportun erscheint. Nicht, dass die Polizei in jener Nacht nicht tatsächlich auf erbärmlichste Weise versagt hätte – aber warum sollte das von den Tätern ablenken und von der Tatsache, was für eine Personengruppe wir uns da ohne Not ins Land geholt haben?

Eigentlich absurd – und dennoch hielten die Medien diesen abwegigen Zweig der Diskussion über Tage hoch um sich nur nicht mit dem eigentlichen Problem beschäftigen zu müssen. Dieses Tabu zu brechen blieb Organisationen wie der „Alternative für Deutschland“ (AfD) oder auch Pegida überlassen, von denen es dann pauschal heißt, es handele sich um Rechtsdemagogen.

Eine Zuschreibung, die, wie die ersten Wahlergebnisse gezeigt haben, bei weiten Teilen der Bevölkerung nicht mehr verfängt. Yves Montand, der französische Schauspieler und Sänger sprach die eigentliche selbstverständliche Wahrheit aus, dass es in der Politik wie im täglichen Leben sei: Man können eine

Krankheit nicht dadurch heilen, dass man das Fieberthermometer versteckt. Anders gesagt: Tabuisierung löst keine Probleme sondern schafft nur neue. Wenn man der AfD überhaupt etwas vorwerfen kann, so nur einzelne Übertreibungen und gelegentliche hysterische Zuspitzungen. Das gilt aber umgekehrt nicht weniger für linke Kommentatoren, die dafür dann nicht immer unverdient als Lügenpresse beschimpft wurden. „*Es ist eine alte Wahrheit, dass man in der Politik oft vom Feinde lernen muss*", meinte Lenin und das ist dann auch schon alles, was die Vordenker der Presse und der sogenannten „etablierten" Parteien ihren Lieblingsfeinden von der AfD vorwerfen können.

Ein genauerer Blick auf den Status Quo zeigt indes, dass man schwerlich pauschal auf „die Ausländer" verweisen kann. Dafür sind die Unterschiede zu groß. Den Finger in die Wunde zu legen und unter Verweis auf Montand das Fieberthermometer nicht zu verstecken bedeutet auch, offen auszusprechen, dass wir weitgehend nur ein Problem mit vielen türkischen und muslimisch geprägten Einwanderern haben.

I Problematische Einwanderer vs. Unproblematische Einwanderer

Betrachtet man die Herkunftsländer der hier lebenden Ausländer im Detail, dann fällt zunächst einmal zweierlei auf.

Erstens sind die Zahlen natürlich nicht aktuell. Das statistische Bundesamt hat Mitte 2016 die Daten von 2015 parat und kann mit den tagesaktuellen Zuwanderungswellen natürlich nicht mithalten. Das ist für die vorliegenden Erörterungen, wo es um die großen und langfristigen Trends geht, auch nicht weiter von Belang.

Zum anderen muss immer bedacht werden, dass in dieser Statistik natürlich Millionen Zugewanderte nicht mehr aufgeführt werden, die zwischenzeitlich eingebürgert wurden. Auch wenn sich diese Menschen vielfach selbst nicht als Deutsche sehen sondern stolz auf ihren Status als Türke, Libanese etc. verweisen und dies beispielsweise durch entsprechende Flaggen auf ihren Autos ausweisen oder durch ihre Unwilligkeit, unsere Sprache korrekt zu erlernen. Dasselbe gilt vielfach für Kinder der zweiten und dritten Generation dieser Gruppen. Ein Türke mit Migrationshintergrund der sich eine deutsche Flagge auf das Auto klebt, dürfte jedenfalls schwerer zu finden sein, als das Bernsteinzimmer und Atlantis zusammen genommen. Soweit zur Aussagekraft der Zahlen.

Betrachtet man dennoch nur einmal die zehn größten Ausländergruppen, so stellten sich diese Ende 2015 grob wie folgt dar[10]:

Türkei: 1.500.000

Polen: 741.000

Italien: 596.000

Rumänien: 453.000

Syrien: 367.000

Griechenland: 340.000

Kroatien: 298.000

Russland: 231.000

Serbien: 230.000

Bulgarien: 227.000

Interessant ist, dass sich die Debatte zum Thema „Integrationsverweigerer" mit steter Regelmäßigkeit um Türken und um den muslimisch geprägten Teil der Ausländer dreht. Anders gesagt: Es gibt auch sehr viele italienische und polnische Zuwanderer – doch diese sind nicht die Sorgenkinder beim Thema Integration und Ghettobildung.

Das renommierte Berlin-Institut für Bevölkerung und Entwicklung sorgte für eine aufgeregte Debatte, als es vor einiger Zeit in der Studie „Ungenutzte Potenziale – Zur Lage der Integration in Deutschland"[11] wissenschaftlich fundiert das konstatierte, was ohnehin für die Wenigsten eine Überraschung war: Türken sind deutlich schlechter gebildet, häufiger arbeitslos und gehen weitaus seltener kulturübergreifende Ehen ein, als andere Migrantengruppen. 30 Prozent der Türken und Türkischstämmigen verfügen noch nicht einmal über einen

Hauptschulabschluss. Gerade mal 14 Prozent verfügen über Abitur. Das Standing auf dem Arbeitsmarkt ist dementsprechend schlecht.

II Islam und Bildung

Reflexhaft kommt hier von vielen Seiten der Einwand, Einwanderer hätten es ja auch entsprechend schwer und würden unter rundweg schlechteren Bedingungen starten, als die Kinder der deutschen Kernbevölkerung. Ob das so pauschal stimmt, sei dahingestellt. Dass es nämlich auch anders geht, zeigen zum Beispiel gemäß der o. g. Studie des Berlin-Instituts zum Beispiel Vietnamesen, die mit dem festen Willen ins Land kommen, hier reüssieren zu wollen. Mehr als die Hälfte der vietnamesischen Kinder macht Abitur – das ist *deutlich mehr* als in der deutschen Bevölkerung. Nach negativen Schlagzeilen in Verbindung mit zum Beispiel kriminellen Vietnamesen muss man lange suchen.

Damit liegt der Schluss nahe, dass es nicht in erster Linie auf die angeblich so integrationsfeindlichen Bedingungen hierzulande ankommt, sondern auf die Integrationsbereitschaft der Einwanderer selbst. International betrachtet ist eine stark differenzierte Integrationswilligkeit nach Ethnien keine Überraschung. Die USA sind ebenfalls ein Einwanderungsland. Dort sind einige asiatischstämmige Einwanderergruppen wie etwa Japaner und Koreaner derart ehrgeizig, dass Angehörige dieser Ethnien an den Elite-Unis des Landes mit Quoten zurückgedrängt werden, damit genügend Platz für zum Beispiel Latinos und Schwarze bleibt, denen die Quoten wiederum unter die Arme greifen sollen.[12]

In Deutschland ist auch der Vergleich mit den Aussiedlern erhellend. Zur Erinnerung: Aussiedler und Spätaussiedler sind deutschstämmige Minderheiten die in Osteuropa gelebt haben und dann nach Deutschland ausgewandert sind. Sie haben einen Rechtsanspruch auf Einbürgerung. Insbesondere junge

Aussiedler stehen häufig in dem Ruf, sie würden sich nicht hinreichend integrieren. Türkische Verbände könnten, wenn dem so wäre, auf diese Gruppe verweisen und behaupten, dass es eben nicht in erster Linie ein türkischstämmiges Problem ist.

Doch die Zahlen belegen, dass insbesondere die zweite Generation der Aussiedler – also die hier geborenen –, echte Integrationserfolge vorzuweisen hat.

Ganz ohne Bildungsabschluss sind hier nur 3,3 Prozent und der Anteil der Abiturienten steigt von der ersten zur zweiten Generation sehr deutlich an. Wie auch zunehmend unter Deutschen ist hier der Bildungserfolg durchgängig von der Weiterführenden Schule bis zur Universität deutlich weiblich geprägt. Die sogenannte „Hausfrauenquote" liegt bei 20 Prozent und ist damit gleichauf mit der der Einheimischen. Die Jugendarbeitslosigkeit halbiert sich von der ersten zur zweiten Generation. Zusammengefasst lässt sich sagen, dass der Integrationserfolg der Aussiedler sehr deutlich ein Erfolg der zweiten Generation ist.

Betrachten wir nun den Bildungserfolg der türkischen Einwanderer und ihrer Kinder. Sie schneiden im Integrationsvergleich insgesamt – nicht nur in Hinblick auf Bildungsfragen – am schlechtesten ab. Obwohl die meisten von ihnen schon lange hier leben und ungefähr die Hälfte hier geboren wurde, liegt zum Beispiel der Anteil kulturübergreifender, sogenannter bikultureller Ehen bei nur fünf Prozent – zugespitzt darf man folgern: Türken bleiben gerne unter sich. Hier dürfte der häufig, wenn auch nicht immer vorhandene muslimische Glaube eine hohe Hürde sein.

Das nahezu ein Drittel der Türken und türkischstämmigen Menschen in Deutschland über gar keinen Schulabschluss verfügt, ist schlicht alarmierend. Anders als bei Einheimischen und bei den Aussiedlern sind hier hauptsächlich Frauen die Bildungsverlierer. In ohnehin bildungsskeptischen Familien wird es insbesondere versäumt, junge Frauen und Mädchen zu weiterbildenden und berufsqualifizierenden Abschlüssen zu ermutigen.

Wenig überraschend ist es daher, dass es türkische Migranten auf dem Arbeitsmarkt schwer haben. Auch wenn häufig über die türkischen Gemüsehändler und Friseure geraunt wird – statistisch gesehen machen sich Menschen türkischer Herkunft nur selten selbstständig. Die Hausfrauenquote liegt zweieinhalbmal so hoch wie bei den Deutschen. Türkische Migranten sind doppelt so häufig von Sozialleistungen abhängig wie Einheimische.

Zusammenfassend betrachtet ist es bei alldem insbesondere beunruhigend, dass auch der zweiten Generation nur wenig mehr gelingt, als den Eltern. Muslimisch geprägte, türkischstämmige Migranten blicken in Deutschland auf eine fast ein halbes Jahrhundert währende Geschichte zurück und doch ist die Integration auf ganzer Linie gescheitert. Die Vorstellung, dass das mit den über Nacht ins Land geströmten Millionen Flüchtlingen insbesondere arabischer Abstammung nun plötzlich gelingen wird, kann eigentlich nur der Stoff für einen Science fiction Roman sein. Oder für das Parteiprogramm der Grünen – was möglicherweise dasselbe ist.

III Von Ghettos und Parallelgesellschaften

Über sogenannte Ausländerghettos ist schon viel geschrieben worden. Üblicherweise gliedern sich Medienartikel zu dem heiklen Thema wie folgt: Ungefähr zwei Drittel des Artikels handeln von dem Missstand als solchem und seinen unerquicklichen Folgen und das letzte Drittel betont dann noch in epischer Ausdehnung, dass das natürlich auf das Versagen der deutschen Mehrheitsgesellschaft zurückzuführen ist, die sich nicht genug um die Immigranten bemüht, zu wenig Ressourcen bereitstellt, unmoralischerweise die eigenen Kinder nicht auf die dortigen Schulen schicken möchte, und so weiter. Das ist gewissermaßen der Schutzschild, um wütenden Leserbriefen vorzubeugen in denen man von Multikulti-Tugendwächtern der latenten Ausländerfeindlichkeit bezichtigt wird.

Doch wer nicht in einer Großstadt wie Berlin oder Hamburg lebt, macht sich kein Bild davon, was es in der Praxis bedeutet, wenn man durch eine Stadtteil *mitten in Deutschland* läuft und das surreale Gefühl hat, die eindeutige Minderheit im eigenen Land zu sein.[13] Für viele deutsche Eltern in diesen Stadtteilen ergibt sich das nicht ganz einfach zu lösende Problem, dass es ihnen gelingen muss, ihr Kind in einer Schule eines anderen Stadtteils unterzubringen. Jedenfalls wenn sie dem Kind das Mobbing und die tägliche Ausgrenzung ersparen möchten, die damit einhergeht, eine arabisch oder türkisch dominierte Schule zu besuchen.

Intensiv wissenschaftlich befasst hat sich mit dem Sachverhalt Rauf Ceylan, der selbst Sohn sunnitischer Kurden ist und unbefangener mit dem sensiblen Thema umgehen kann, als so mancher deutschstämmige Wissenschaftler es könnte. Er hat am

Beispiel des Duisburger Stadtteils Hochfeld geforscht. Bei ihm heißen die Ghettos etwas vornehmer „ethnische Kolonien“.[14]

„Ethnische Kolonien mit einer reichhaltigen Auswahl an Imbissstuben, Läden, Cafés, Migrantenvereinen und Moscheen gehören mittlerweile zum alltäglichen Bild deutscher Städte“, schreibt Ceylan, und qualifiziert sie als ein Ergebnis verfehlter Integrations- und Wohnungspolitik, das im besten Fall in Stagnation, im schlechteren Falle in politischer Radikalisierung mündet. In diesem Falle spricht er von einem *„Nährboden für ethnisch-kulturelle Konflikte und politisch-extremistische Tendenzen“*.

Auch für diesen räumlichen Aspekt der Parallelgesellschaften gilt wieder, was auch für fast alle anderen Kapitel dieses Buches gilt: Schwarz/weiß-Denken führt zu Fehlschlüssen. Zunächst mal sind Ausländerquartiere etwas ganz Natürliches. Sie bilden sich heraus, wenn Ausländer in ausreichend großer Zahl emigrieren und in der Ferne Strukturen aufbauen möchten, um sich zurechtzufinden. Chinatown oder Little Italy in New York sind Beispiele, die jedem USA-Touristen geläufig sind.

Im Idealfall nutzen Migranten diese Quartiere als Brückenkopf in die neue Welt. Stehen gleichsam mit einem Bein im Quartier und bemühen sich mit dem anderen, in der neuen Heimat Fuß zu fassen. Damit ein Ausländerquartier zum „Ghetto“ wird – ein Begriff der dann wirklich nur noch negativ konnotiert ist –, müssen andere Faktoren hinzukommen. Fehlende Bildung, Armut, Kriminalität und eventuell auch Bandenbildung sind einige solcher Aspekte. *"Da hat sich klammheimlich, im Schatten des deutschen Rechtssystems, ein Milieu entwickelt, in dem Glücksspiel, Prostitution und Finanzbetrug gedeihen"*, schreibt Ceylan.

Um die Kernaussagen von Ceylan und anderen Soziologen etwas vereinfacht zusammenzufassen: Die „guten" Ausländerquartiere erleichtern es den Migranten, sich in der neuen Heimat zurechtzufinden und diese auch als Heimat zu begreifen. Die „schlechten" Quartiere zementieren hingegen Fehlentwicklungen der Fremd- und Selbstausgrenzung.

Grundsätzlich gefragt: Ist es dann überhaupt von Belang, ob die Migranten in überwiegend von der eigenen Nationalität bewohnten Gebieten leben oder inmitten der (noch) Mehrheitsgesellschaft? Durchaus.

Zum Beispiel ist viel davon gesprochen worden, dass muslimische Zuwanderer ihre eigenen Rechtsstrukturen aufgebaut haben und Streitigkeiten zum Beispiel lieber von sogenannten Friedensrichtern aus den eigenen Reihen schlichten lassen, als von deutschen Gerichten und der Polizei. Auch die griechischstämmige Polizistin Tanja Kambouri berichtet in ihrem Buch mit dem etwas eigenwilligen Titel „Deutschland im Blaulicht" aus dem Polizeialltag normaler Streifenpolizisten und macht deutlich: Deutsche Autoritäten gelten bei dieser Klientel überhaupt nichts und der Staat ist auch nicht gewillt, sich Geltung zu verschaffen.

Wenn nun ein integrationswilliger Zuwanderer der Auffassung zuneigt, in einer bestimmten Konfliktsituation die Polizei hinzu rufen zu wollen, wird er das kaum tun, wenn er dann im Nachhinein mit der kompletten Nachbarschaft im Clinch liegt.

Ein zweites offenkundiges Beispiel ist die Kleidung. Vielleicht möchte sich eine junge muslimische Frau gerne etwas liberaler, „deutscher" anziehen. Wenn sie in einem deutschen Stadtteil wohnt, fällt das überhaupt nicht auf, doch umgeben von zum Teil streng gläubigen Muslimen in der Nachbarschaft wird ein beständiger sozialer Druck ausgeübt, sich an die Regeln der Diaspora zu halten. Dazu passt das merkwürdige Phänomen, dass Muslime in der Diaspora häufig religiöser werden, als sie es in der alten Heimat je waren.[15]

Ob Zugewanderte in einem deutsch- oder von Zuwanderern dominierten Stadtteil leben, ist praktisch gesehen auch in Hinblick auf Netzwerkbildung von Belang. Im Allgemeinen wird eher der tägliche Kontakt zu Menschen aufrechterhalten, die in fußläufiger Entfernung leben. Zu Menschen die räumlich weiter entfernt leben, bricht er hingegen häufig ab. Insoweit sind Beziehungen sehr „distanzempfindlich“, wie die Soziologinnen Janßen und Polat in „Soziale Netzwerke türkischer Migranten“ schreiben.[16]

Auch für die Sprachkenntnisse ist die siedlungsräumliche Segregation klar von Belang: Eine türkische Hausfrau, die nur für die Tür geht um in türkischen Läden einzukaufen, hat in ihrem eigenen Stadtteil kaum Anlass, sich mit der deutschen Sprache zu befassen. Der Ehemann geht arbeiten und muss schon verstehen, was sein Chef von ihm verlangt. Die Kinder lernen Deutsch in der Schule. Und die Hausfrau? Für sie gibt es kaum äußere Impulse, sich mit der deutschen Sprache zu befassen. Zeitungen und Fernsehen können auch mitten in Deutschland bequem in der Muttersprache konsumiert werden.[17]

Die Sprache aber ist die erste relevante Hürde, um wenigstens theoretisch in der Lage zu sein, Anknüpfungspunkte zur deutschen Bevölkerung zu finden. Susanne von Paczesky schrieb bemerkenswerterweise schon 1978:[18]

> *„In der Bundesrepublik und West-Berlin leben rund eine Million Türken (...). Sie wohnen mitten unter uns, durchaus nicht unsichtbar, im Gegenteil: durch Kopftuch und*

> *Blumenhose, durch Mimik und Verhalten deutlich sichtbar, augenfällig abgesondert. Sie sind ausgesondert, das heißt sie sind sonderbar (...). Langsamer als all die anderen Zugewanderten aus südlichen Ländern lassen sie sich auf Sprache, Kleidung, Umgangsformen ihrer deutscher Nachbarn ein; zögernder noch als ihre Männer, ihre Söhne nehmen sie den Kontakt zur Umwelt auf. Wer mit türkischen Familien zu tun hat (...) erlebt, dass die Begegnung nur mit den Männern stattfindet. Die Frauen (...) bleiben sprachlose Kulisse. Sie gehen demütig zwei Schritte hinter ihren Männern her (...).*

Warum ist der Text bemerkenswert? Weil er vor dreieinhalb Jahrzehnten geschrieben wurde und sich weitgehend liest, als ob er auch heute geschrieben sein könnte. Wir wollen nicht ungerecht sein: Für die türkischen Mädchen und Frauen der zweiten Generation ergeben sich Chancen durch den Schulbesuch. Nicht wenige haben in der Familie die Rolle der Übersetzerin und übernehmen die Korrespondenz mit Behörden; viele passen sich auch im Kleidungsstil an. Die Burka dominiert eben durchaus noch nicht das Straßenbild unserer Städte und Dörfer. Im Gegenteil fällt sie deshalb so auf, weil die Vollverschleierung etwas Seltenes im deutschen Straßenbild ist.

Soviel zu dem muslimisch geprägten Stadtteilen und den Problemen, die sich durch sie ergeben.

Doch mit dem Begriff „Parallelgesellschaft" ist natürlich nicht nur die räumliche Selbstausgrenzung gemeint, sondern die Abgrenzung im umfassenderen kulturellen Sinne. Wenn wir kurz innehalten und darüber nachdenken, was wir mit „Parallelgesellschaft" meinen, wenn wir den Begriff im Alltag unreflektiert verwenden, dann wird zumindest dreierlei klar:

1 Wenn wir „Parallelgesellschaft“ sagen, problematisieren wir damit stets. Wir denken an Ehrenmorde, an Scharia und Kriminalität.

2 Wenn wir „Parallelgesellschaft“ sagen, meinen wir nicht etwa die Koreaner. Auch nicht Franzosen, Vietnamesen oder Polen. Wir meinen stets arabisch geprägte Strukturen, in denen der muslimische Glaube dominiert. Denn in der Regel fallen nur diese negativ auf – das ist nun einmal eine Tatsache.

3 Es handelt sich mittlerweile um einen politischen Kampfbegriff. Wie auch sonst in vielen Fällen versuchen liberale Wissenschaftler, Politiker und Journalisten, den Begriff als solchen zu diskreditieren und greifen jene an, die ihn verwenden, weil er angeblich zu „unbestimmt“ sei.

Klar ist aber auch, dass wir für die hier gemachten Erörterungen keine feingliedrige Differenzierung wie bei einer Dissertation benötigen. Es geht darum, gewissermaßen aus der Vogelperspektive heraus den aktuellen Zustand der Zuwanderung in Deutschland zu beschreiben und die richtigen Schlüsse daraus zu ziehen.

Wenn wir also Parallelgesellschaften prinzipiell und kollektiv als etwas Negatives sehen, dann ist das in sich schon eine Botschaft: Wir sind als Deutsche unzufrieden mit diesem Zustand. Dieser Befund lässt sich seit vielen Jahren auch durch Umfragen bestätigen.[19] Schon lange vor der Flüchtlingskrise waren große Teile der deutschen Bevölkerung nicht gewillt, muslimisch geprägte Parallelgesellschaften zu akzeptieren. Dennoch hat die Regierung nie geeignete Schritte unternommen, um zumindest langfristig eine Auflösung oder Zurückdrängung dieses Phänomens zu bewirken. Mit Beginn der Flüchtlingskrise hat sie stattdessen genau das Gegenteil unternommen und damit aktiv zum Nachteil der deutschen Mehrheitsgesellschaft agiert.

IV Ausländerkriminalität jenseits uminterpretierter Statistiken

Wer es einmal in seinem Leben unternommen hat, sich wissenschaftlich und vertieft mit Statistiken auseinanderzusetzen, der wird ein tiefes Misstrauen hegen, dass er nie wieder ganz los wird.

Vereinfacht gesagt lässt sich mit Statistiken fast alles und auch das Gegenteil von fast allem beweisen. Nimmt man sich die amtliche Statistik zur Kriminalität vor[20] und versucht die Unterschiede im kriminellen Verhalten deutscher und immigrierter Krimineller zu ergründen, so stößt man auf verschiedene Hindernisse. Wenn Sie spaßeshalber den Begriff googeln und sich einen beliebigen Artikel dazu durchlesen, werden Sie feststellen, dass die Zeitungen niemals die nackten Daten präsentieren. Stattdessen wird stets die Interpretation mitgeliefert. Eifrig werden Argumente angeführt, die belegen sollen, dass Ausländer keineswegs krimineller sind, als die Deutschen. Auch wenn die Statistik genau das aussagt. Auch nicht-journalistische Texte, wie etwa das entsprechende Pamphlet von der Bundeszentrale für politische Bildung, bemühen sich eifrig um Relativierung.

Am häufigsten wird die PKS, also die Polizeiliche Kriminalstatistik herangezogen. 2014 hielten sich noch 8,2 Millionen Ausländer in Deutschland auf, also waren etwas über 10 Prozent der Bevölkerung Ausländer. Das kommt Ihnen merkwürdig vor, weil Sie *gefühlt* nicht den Eindruck haben, dass Ausländer nur einen Anteil von 10 Prozent stellen? Was man häufig vergisst: Millionen Migranten sind längst eingebürgert. Im Straßenbild fällt das nicht auf und ein Datensatz unterscheidet blind: Ein

Deutscher ist für Statistiker einfach eine Person mit einem deutschen Pass. Auch wenn viele sogenannte Deutsche sich natürlich nicht als solche fühlen. Außerdem war der Bezugszeitraum vor der Flüchtlingskrise, seitdem sind also Millionen dazu gekommen.

Im selben Jahr wurden 1.532.000 deutsche Tatverdächtige registriert und 617.000 ausländische Tatverdächtige. Demnach wären also annähernd 30 Prozent der Tatverdächtigen Ausländer, obwohl sie nur 10 Prozent der Einwohner stellen. Alles klar? Mitnichten – kommen wir nun zu den Relativierungen:

Nach offizieller Lesart sind unsere ausländischen Mitbürger im Durchschnitt nicht krimineller als die Inländer. Das ist wenig überraschend – schließlich handelt es sich um ein politisch heikles Thema und die unmündigen Bürger müssen von den Behörden vor sich selbst geschützt werden. Aus demselben Grund werden bei heiklen Straftaten von Migranten gerne Informationssperren von den polizeilichen Pressestellen verhängt oder schlicht, (dazu an anderer Stelle mehr), schließlich will man keinen Rechtsruck provozieren, indem man den Bürgern unverblümt mitteilt, was sich so zuträgt in ihrem Land.

Doch das ist vermutlich nicht die einzige Verschleierungstaktik, die der Polizei zu Gebote steht. Immer wieder wurde auch bekannt, dass Polizisten aufgefordert wurden, im Rahmen ihres Ermessensspielraums möglichst verharmlosende Meldungen zu machen.

An die Öffentlichkeit drang beispielsweise die Darstellung eines Beamten des Landeskriminalamtes in Niedersachsen. Er beschrieb einen Vorfall, bei dem er fast von seiner Schusswaffe Gebrauch machen musste, um einen Flüchtling vor einem anderen zu schützen. In seinem Bericht vermerkte er dennoch nur einen „Streit mit minderschwerer Verletzung“. „*Es gibt*“, so der Beamte gegenüber der Hannoverschen Allgemeinen, „*Anweisungen, unseren Interpretationsspielraum so zu nutzen, damit der zivile Frieden gewahrt bleibt (...) Es wird nicht gelogen, nichts vertuscht, aber es werden Dinge ganz bewusst weggelassen. Das ist das Problem*“. Polizisten sollen also runterspielen und verharmlosen, damit die Stimmung nicht kippt.

Der erfahrene LKA-Beamte prangerte außerdem an, dass Statistikfilter aus seiner Sicht so gesetzt würden, dass die gewünschten Zahlen herauskommen. Mitunter kämen auch andere Tricks zu Einsatz: Problematische Teildaten können beispielsweise so spät geliefert werden dass sie *leider* nicht mehr in der Statistik berücksichtigt werden können oder Begriffe werden umbenannt und kaschiert, so dass etwa „Ehrenmord“ durch „Mord“ ersetzt wird.

Der Sprecher des Innenministers widersprach natürlich tags darauf der Darstellung – einen „Maulkorb“ für die Beamten gäbe es nicht. „Wir beschönigen nichts“, hieß es aus Hannover. Das mag glauben wer will – nur zu dumm dass auch der Landesvorsitzende der Polizeigewerkschaft das bewusste Verschweigen ausdrücklich bestätigte. Ähnliche Berichte von anonym bleibenden Polizisten gibt es im Übrigen quer durch die Republik.

Wir fassen zusammen: Viele Straftaten werden aus Angst vor Repressalien gar nicht erst gemeldet. Da wo die Polizei dann doch zugegen ist, sollen die Beamten möglichst unspektakuläre Meldungen machen um die Vorgänge zu verharmlosen. Das was dann noch ankommt wird ebenfalls noch einmal durch die Pressestellen vorsortiert und in spektakulären Fällen einfach verschwiegen – und wir als Bürger sollen Vertrauen in die polizeiliche Kriminalitätsstatistik oder sonstige Polizeiberichte haben?! So viel Naivität kann man niemandem wünschen.

Die sogenannte Qualitätspresse zieht munter mit. Vor Jahren noch wurde von „südländischen“ Tätern gesprochen, was natürlich auch schon eine Beschönigung war. Man sollte an Sonne, Italien und Caipirinhas denken, nicht etwa an arabische Jugendliche, die sich benehmen wie die Axt im Walde.

Nachdem irgendwann auch dem letzten Idioten klar wurde, dass mit „Südländer“ fast immer Araber und Türken gemeint waren, schwenkten die Medien um: Nun wurde gar kein Hinweis mehr auf die Herkunft der Täter gegeben – diese sei angeblich „egal“ und wird vertuscht. Der Presserat hat dazu eine Richtlinie in seinem Kodex herausgegeben. Im Vordergrund steht also nicht, wie es eigentlich wünschenswert wäre, der Wunsch ungeschminkt zu informieren und es den Lesern zu überlassen, sich eine eigene Meinung zu bilden. Stattdessen soll eine „Diskriminierung von Minderheiten“ vermieden werden. Zwar sind die Medien an diese Richtlinie theoretisch nicht gebunden – doch herrscht in den konformistischen Redaktionen oft eine entsprechende Unsicherheit vor. Man will von den lieben Kollegen ja nicht schief angesehen werden und hat unter Umständen auch Angst vor Rügen und Missbilligungen des Presserats.

Doch zurück zur amtlichen Statistik. Bei genauerem Hinsehen fällt allerdings einiges auf, was nachdenklich stimmt:

Die Spalte mit den „deutschen“ Straftaten enthält natürlich auch jene, die von Menschen verübt wurden, die zwar die deutsche Staatsbürgerschaft erworben haben, aber sich weder als Deutsche fühlen noch mit der deutschen Kultur identifizieren. Ihre Zahl geht in die Millionen und das alleine dieser Umstand schon die Statistik verfälscht, liegt auf der Hand. Mutmaßlich werden also, wenn man nicht von Ausländern im rechtlichen Sinne sondern im umfassenderen Sinne von Menschen mit Migrationshintergrund ausgeht, noch deutlich mehr Straftaten von dieser Personengruppe verübt. Unverblümter gesagt: Viele Straftaten von „denen“ wandern auf „unsere“ Seite der Statistik, weil die Täter einen deutschen Pass haben. Das schönt die ausländerbezogene Seite und zieht die deutsche unfreiwillig nach unten. Insgesamt ergibt sich klar eine Verwässerung.

Wenn Sie jedoch einen Presseartikel suchen, der diesen recht offenkundigen Zusammenhang mutig benennt, dann suchen Sie vergebens.

Weiter fällt auf, dass bestimmte Straftaten angeblich „raus gerechnet werden müssen“. Es handelt sich dabei um Straftaten gegen das Aufenthaltsrecht und generell Straftaten, die von der Natur der Sache her ja nur von Ausländern begangen werden können. Sie zu berücksichtigen sei angeblich verzerrend. Das ist eine Begründung, die man akzeptieren kann oder nicht. Man kann genauso gut mit Fug und Recht sagen: Straftat ist schließlich Straftat.

Im Übrigen gibt es für zum Beispiel reiche Menschen auch ganz andere Möglichkeiten und Versuchungen das Recht zu brechen, als für den Durchschnitt der Bevölkerung. Zum Beispiel in steuerlichen Straftatbeständen. Wollen wir nun bei allen gesellschaftlichen Schichten und Gruppen nachsehen, was sich so alles heraus rechnen lässt? Das scheint wenig zielführend und wird auch nicht gemacht. Nur bei Ausländern. Selbst wenn man den so argumentierenden Interpreten der Statistik inhaltlich folgt, fällt dennoch auf, dass regelmäßig nur solche Sachverhalte uminterpretiert werden, die helfen, *Ausländer* in ein weniger ungünstiges Licht zu rücken.

Es scheint offenkundig, dass solche Versuche der Uminterpretation politisch motiviert sind und es ist m. E. nur eine Frage der Zeit, bis die amtlichen Statistiker aus den Kreisen der Politik angewiesen werden, bei der Erfassung von Straftatbeständen vorsichtshalber nicht mehr zwischen Ausländern und Deutschen zu unterscheiden.

Und drittens fällt auf, dass Straftat nicht gleich Straftat ist. Es wiegt für eine Gesellschaft schwerer, ob jemand zum Beispiel die Steuer hinterzogen hat oder ob ein Mord begangen wurde. Steuerhinterziehung ist nichts Schönes – doch es geht letztlich nur um Geld. Im anderen Fall wurde ein Leben ausgelöscht. Anders gesagt: Hier lohnt ein Blick auf die einzelnen Straftatbestände: Autodiebstähle und Taschendiebstähle werden zum Beispiel überproportional häufig von Ausländern begangen. Gewaltdelikte werden besonders häufig durch Jugendliche aus der Türkei und dem ehemaligen Jugoslawien begangen. Um einige Beispiele herauszugreifen:

Besonders überrepräsentiert sind Ausländer bei Diebstahl, Vergewaltigung, Körperverletzung sowie in der besonders unrühmlichen Kategorie Mord/Totschlag. Auf die Hauptstadt bezogen: *Über die Hälfte* der jungen Intensivtäter in Berlin Neukölln sind arabischstämmig, ihr Anteil an der Bevölkerung beträgt aber nur 10 Prozent.[21]

Die letzte Verteidigungslinie jener, die die Aussagekraft der amtlichen Statistik angreifen, lautet: Man darf sich ohnehin nur die rechtskräftig Verurteilten ansehen und nicht die erfassten Verdächtigen. Denn bei den Verdächtigen spielten angeblich immer Ressentiments eine Rolle: Angesichts des latenten Rassismus in der Gesellschaft im Allgemeinen und bei der Polizei im Speziellen würden Migranten immer schneller als Verdächtige gehandelt als Deutsche und das führe letztlich zu einer Verzerrung. Doch einmal davon abgesehen, dass die obigen Ausführungen gezeigt haben, dass die Polizei zumindest bei Flüchtlingen im Gegenteil die Dinge eher beschönigt und verharmlost, ist uns mit einer Verurteilungsstatistik auch nicht besser gedient.

Es kann dem verständigen Beobachter nämlich nicht entgehen, dass es in Deutschland und Europa mittlerweile bei der Rechtsdurchsetzung zweierlei Maßstäbe gibt: Für jene, deren man habhaft werden kann und für alle anderen.

Wenn Sie als jemand, der ganz normal mit bürgerlicher Postadresse, Job und Bankkonto im Leben steht auch nur einen Strafzettel nicht bezahlen, werden sie die volle Maschinerie des Rechtsstaates spüren. Schließlich haben sie etwas zu verlieren und der Staat weiß, wie er sich bedienen kann: Ihr Konto kann gepfändet werden, man kann Ihnen Strafbefehle zustellen, man kann sie schlimmstenfalls auch inhaftieren. Wie kann es dann sein, dass zum Beispiel Angehörige irgendwelcher polizeibekannter nordafrikanischen Banden an öffentlichen Plätzen gewohnheitsmäßig Diebstähle begehen, ohne dass hier der Rechtsstaat tätig wird? Weil man an diese Leute eben nicht so ohne Weiteres herankommt. Es gibt keine Papiere, kein Land in das man die Person abschieben könnte und oft genug nicht einmal eine Meldeadresse. Im Übrigen sind die Beamten gegenüber dieser Klientel vorsichtig, schließlich wollen sie nicht als Rassisten gelten.

Da steht dann der hilflose Polizist, zückt seinen Block um die Personalien aufzunehmen und weiß doch ganz genau, dass er seine Zeit verschwendet und dem dümmlich grinsenden Delinquenten am nächsten Tag wieder vor sich stehen hat. Immerhin wandelt sich in Nordrhein-Westfallen langsam das Klima. Die WELT deckte 2015 einen polizeilichen Erlass aus dem

Jahr 2008 auf, der die Beamten im größten Bundesland ermahnte, die Nationalität von Tätern und Tatverdächtigen möglichst gar nicht erst zu benennen. Neuerdings geht der dortige Innenminister allerdings in die Offensive und lässt Daten transparent und ohne verfälschende Interpretation an die Medien geben: Nach einem Bericht seines Innenministeriums haben 2015 etwa ein Drittel aller Marokkaner und Algerier aus Asyl-Erstaufnahmelagern eine Straftat begangen.

Fest steht: Viele Straftäter aus diesem Milieu werden immer wieder aufgegriffen und dann doch laufen gelassen. Die Verurteilungsstatistik bildet also auch nur einen Teil der Wirklichkeit ab, solange sich gewohnheitsmäßige Kriminelle aus dem System wegducken können, sobald die Polizei anrückt.

Besonders schwer wiegt auch die Bandenkriminalität, die fest in der Hand arabischer Großfamilien ist. Problematisch ist das deshalb, weil organisierte Kriminalität strukturell besonders schwer aufzubrechen ist. „*Das sind feste Gebilde, die man nur durch langwierige und aufwendige Ermittlungsarbeit knacken kann. Werden Mitglieder einer Familie von einem Konkurrenten beispielsweise niedergeschlagen oder schwer verletzt, hat die Polizei nur wenige Stunden Zeit, die Aussagen der Zeugen zu sichern und daraus eine operative Ermittlung zu machen. Denn sehr schnell schalten sich die Familien ein und manipulieren die Zeugen. Entweder sie werden gekauft oder bedroht. Danach erfahren wir nichts mehr*“, sagt dazu der Berliner Kriminaldirektor Dirk Jacob vom Landeskriminalamt.[22] Beschäftigen wir uns etwas näher mit diesem Phänomen.

V Arabische Clans – Organisierte Kriminalität in Deutschland

Es ist ein geschäftiger Samstagvormittag am 20 Dezember 2014. Im berühmten KaDeWe in Berlins Innenstadt herrscht die übliche Geschäftigkeit. Familien mit Kindern machen ihre Einkäufe, es herrscht vorweihnachtliche Stimmung. Gegen 10:20 Uhr, so wird es später der Polizeibericht vermerken, stürmen vier maskierte Räuber den Juwelier Chopard, schlagen die Vitrinen ein und versprühen großzügig Reizgas, das sich schnell weiträumig verteilt. Der Überfall dauert nur wenige Minuten, erbeutet werden Waren im Wert von weit über 800.000 Euro. Zurück bleiben weinende Angestellte und Kunden, die wegen des Tränengases medizinisch behandelt werden mussten. Der Schaden des Juweliers, der ausgerechnet in der wichtigen Vorweihnachtszeit geschlossen bleiben musste, liegt natürlich weitaus höher.

Szenenwechsel. Wieder Berlin, diesmal ist es der 6. März 2010. Es sind wieder maskierte Männer; diesmal stürmen sie das größte Pokerturnier Deutschlands im Luxushotel Grand Hyatt am Potsdamer Platz. Bewaffnet mit Schusswaffen und Macheten. Die Täter entkommen mit 242.000 Euro.

Was beide Taten verbindet, ist die Herkunft der Täter. In beiden Fällen handelte es sich um Mitglieder berüchtigter arabischer Mafiaclans. Offenbar ist man sich in dieser Szene seiner Sache derart sicher, dass man sich aus der Deckung der Halbwelt wagt. Neben dem Brot- und Buttergeschäft mit Drogen und Prostitution werden nun also auch spektakuläre Überfälle in aller Öffentlichkeit verübt.

Das der Polizei mit enormem Aufwand dennoch die Verhaftung mutmaßlicher Täter gelungen ist, ist auch deshalb so bemerkenswert, weil es Seltenheitswert hat. Üblicherweise tut sich die Berliner Polizei in diesem Milieu äußerst schwer. Wer gegen Clanmitglieder aussagt, riskiert sein Leben. Mögliche Zeugen werden regelmäßig in bester Mafia-Manier eingeschüchtert und ziehen ihre Aussagen zurück. Diesmal gab es jedoch Zeugenaussagen.

Schwer ist zudem üblicherweise der polizeiliche Zugriff, denn die Täter können sich leicht in den Libanon oder andere Herkunftsländer absetzen und sind zudem in ihren arabisch geprägten Stadtteilen nicht ohne weiteres greifbar. Dementsprechend hoch war der personelle Aufwand der Polizei, der angesichts von gerade mal acht Verhaftungen eigentlich absurd hoch klingt: Im Morgengrauen drangen Dutzende schwer bewaffnete Beamte des Sondereinsatzkommandos SEK in vier Wohnungen im Berliner Stadtteil Neukölln ein. Begleitet wurden sie von ganzen Wagenladungen der Bereitschaftspolizei und Polizeihundestaffeln. Insgesamt waren 220 Beamte beteiligt, darunter 60 Spezialkräfte.

War das ein entscheidender Schlag gegen das organisierte Verbrechen, wie es die stolzen Pressemeldungen der Berliner Polizei hinterher großspurig verkündeten? Ohne die Leistung der Beamten schmälern zu wollen, die in einem schwierigen Umfeld ohne politische Unterstützung agieren müssen, sieht die Faktenlage doch eher ernüchternd aus:

Ungefähr 20 palästinensische und kurdisch-libanesische Großfamilien mit 8.500 bis 9.000 Angehörigen sollen nach Erkenntnissen der Polizei allein in Berlin leben, von ihnen finanzieren sich sieben bis neun durch organisierte Kriminalität. Aber auch für die anderen Familien gilt, dass sie zur Abschottung neigen und sich ihre eigene Subkultur mitsamt Rechtssystem, „Friedensrichtern“ und Sanktionssystem aufbauen. Was sind da acht Verhaftungen? Zumal das deutsche Strafrecht erbärmlich handzahm ist?

In den Siebzigern zogen die ersten Angehörigen dieser Familien aus dem Libanon hierher und holten ihre Familien nach und nach ins Land. In den Folgejahren teilten einige dieser Clans den Berliner Drogenmarkt mit Kokain, Heroin und Haschisch genauso unter sich auf wie das Geschäft mit der Prostitution, der Zwangsprostitution und der Schutzgelderpressung. Einbrüche und Banküberfälle sind da nur ein Nebenerwerb.

Besonders alarmierend: Ganz offen rekrutieren die Clans inzwischen in Flüchtlingsheimen. *„Vor allem junge und körperlich starke Männer sind im Visier der Clans. Diese werden dann für die Drecksarbeit eingesetzt“*, zitiert die WELT einen Ermittler, der ungenannt bleiben mochte.

Aus politischer Sicht muss man fragen: Welchen Nutzen hat der Verbleib dieser Menschen in unserem Land? Wäre es nicht für die Stadt und die Bevölkerung an der Zeit sich einzugestehen, dass diese polizeibekannten Clans regelrecht mit Deutschland im Krieg stehen und auch so behandelt werden müssten? Aus deren Sicht ist unser Land nichts anderes als ein großes, fettes Beutegebiet – warum sie hier tolerieren?

Deutliche Gesetzesverschärfungen, reihenweise Abschiebungen, Sonderkommissionen mit besonderen Befugnissen und eigens eingerichtete Schnellgerichte wie in New York – vieles wäre möglich, wenn *der politische Wille* zum Handeln gegeben wäre. Stattdessen lehnt sich die Berliner Politik aus dem Fenster und spricht von spektakulären Fahndungserfolgen – weil sie gerade mal acht (!) Verhaftungen mit 220 Beamten erreicht hat.

Rechnerisch mussten für jeden Verhafteten 28 Polizisten aufgewendet werden. Effizienz sieht anders aus.

Diese beispielhafte Beschreibung der Zustände in Berlin soll nicht darüber hinwegtäuschen, dass die genannten Mafiastrukturen nicht auf die Hauptstadt allein beschränkt sind. In Bremen und weiten Teilen des Ruhrgebiets sieht die Lage zum Beispiel keineswegs besser aus. In Essen wurde Anfang 2016 ein Clankrieg unter libanesischen Kurden mit der Waffe ausgetragen – einer der Kontrahenten kam dabei ums Leben als er mutmaßlich von seinem Onkel erschossen wurde.

Ebenso in Niedersachsen. Im beschaulichen Städtchen Lüneburg vor den Toren Hamburgs schossen 2014 die Angehörigen eines libanesisch-kurdischen und eines türkisch-kurdischen Clans in aller Öffentlichkeit aufeinander – anwesende Deutsche durften sich dann wegducken, damit sie nicht zum Kollateralschaden werden.

VI Rechtsfreie Räume mitten im Land

Gibt es rechtsfreie Räume in Deutschland? Oder ist das ein Zustand, den wir nur mit lateinamerikanischen Städten verbinden? Allerspätestens seit den Übergriffen an Silvester auf öffentlichen Plätzen in Köln, Hamburg und andernorts ist die Frage restlos beantwortet. Die Übergriffe waren gezielt, sie waren massiv und sie fanden trotz deutlicher Polizeipräsenz statt. Teilweise wurden weibliche Polizistinnen in Zivil selbst Opfer der Übergriffe – der Staat ist klar in der Defensive.

Arnold Plickert, ein Funktionär der Gewerkschaft der Polizei, konstatierte, es gebe in Deutschland „Angsträume", in denen die Polizei sich nur unter sehr erschwerten Bedingungen gegen kriminelle Migranten durchsetzen kann.[23] Und sein Kollege Stephan Heger sekundierte, es entstünden in Duisburg, Essen und Gelsenkirchen rechtsfreie Räume, in denen diese Leute die Macht auf der Straße übernähmen. Die Duisburger Polizei spricht von Migranten-Clans, die gute Kontakte zur Rockerbanden pflegen und ganze Straßenzüge untereinander aufteilen.

Wie stellt sich die Lage in Berlin dar? Berlin taugt als Gradmesser für die Situation im Land besonders gut, denn die Hauptstadt entfaltet eine starke Signalwirkung: Wenn es dem Staat schon in der Hauptstadt nicht gelingt für Ordnung zu sorgen und sein Gewaltmonopol durchzusetzen, woher soll dann andernorts der Wille zum Handeln kommen? Auch für die Clans selbst dürfte es ein klares Signal sein, dass Deutschland genau der Selbstbedienungsladen ist, für den sie das Land halten.

Gewiss – die Mitglieder der Bundesregierung und der Berliner Polit-Elite müssen sich daran nicht groß stören. Sie und ihre Familien sind durch Personenschützer gut vor diesem Terror des Alltags geschützt und bewohnen überdies gutbürgerliche Stadtteile, in denen sich die arabische Mafia üblicherweise nicht bewegt. Für die Bürger Kreuzbergs, Neuköllns und anderer weniger gut betuchter Stadtteile jedoch stellt die Präsenz arabischer Schläger eine alltägliche Zumutung dar.

Ende 2015 stellte das renommierte „Erlanger Zentrum für Islam und Recht in Europa“ zusammen mit dem Justizsenator eine im Auftrag der Senatsverwaltung erstellte Studie zum Phänomen der „Paralleljustiz“ in Berlin vor.[24] Unter der Überschrift „Wesentliche Ergebnisse / Hauptprobleme der Paralleljustiz“ heißt es auszugsweise in der Zusammenfassung:

> *Das Kernproblem der Paralleljustiz besteht in der Anwendung oder Androhung von Gewalt gegen Tatopfer, Konfliktbeteiligte oder Zeugen, oder in sonstiger Ausübung unzulässigen Drucks auf diese Personen. Diese rechtswidrigen Methoden dienen der Unterstützung krimineller Aktivitäten (…) oder beruhen – mit teils fließenden Übergängen - auf kulturellen, vereinzelt auf religiösen Gründen. Typische Betroffene sind Opfer häuslicher Gewalt, die daran gehindert werden sollen, staatliche Behörden zu informieren oder einzuschalten, sonstige Opfer krimineller Handlungen, die zur Wahrung des Familienzusammenhalts oder der „Familienehre“ gezwungen werden, auf die rechtsförmige Durchsetzung ihrer Rechte und auf die Einschaltung von Strafverfolgungsbehörden zu verzichten, oder Zeugen in derartigen Fällen.*

Nach welchen Regeln und Mechanismen funktioniert diese Paralleljustiz? Was hält die Opfer zum Beispiel von häuslicher Gewalt davon ab, die Polizei hinzuzuziehen?

Bestürzenderweise konstatiert die Studie hier ein „Klima der Angst", das sich durchaus ausweitet:

> *Im Strafrechtsbereich dominieren in Berlin informelle Mechanismen innerhalb und zwischen (Groß-)Familien und Clans mit fließenden Übergängen zur Organisierten Kriminalität. In Teilen der Stadt herrscht insbesondere in bestimmten ethnisch-kulturell definierten Communities ein Klima der Angst, ausgelöst durch gewalttätige, von staatlichen Behörden nur noch unzureichend kontrollierte Clanmilieus. Das betrifft Teile von Neukölln, Wedding, Moabit, aber auch Kreuzberg oder Charlottenburg und scheint sich gegenwärtig auszuweiten. (...)*
>
> *Opfer und Zeugen von Straftaten werden im Rahmen informeller, unter Zwang stattfindender Streitschlichtung zunächst oft mit Appellen an die „Familienehre" angesprochen, dann aber auch massiv eingeschüchtert und vom Kontakt mit staatlichen Behörden abgehalten. Dies geschieht sowohl außerhalb laufender staatlicher Verfahren als auch in Fällen, in denen bereits Anzeige erstattet wurde oder das Verfahren sich in einem späteren Stadium befindet. Dann werden Anzeigen zurückgezogen, Zeugen ändern ihre Aussage oder schweigen. Gelegentlich wird von den Modalitäten einer internen „Einigung" berichtet, verbunden mit der Aufforderung, das Verfahren nun nicht weiterzuführen.*

Ein weiteres, damit einhergehendes Problem besteht darin, dass es innerhalb dieser parallelen „Rechtsordnung" Gewinner und

Verlierer gibt. Männer entscheiden über Frauen. Frauen möchten sich vom gewalttätigen Ehemann scheiden lassen? In einigen Familien ist das nur möglich, wenn die betroffenen Frauen danach untertauchen und anonym irgendwo ein neues Leben beginnen. Gerade mit kleinen Kindern dürfte das aber eine große Hürde sein. In der Studie heißt es dazu:

> *Kulturelle Prägungen sind das bei weitem wichtigste Element von Paralleljustiz. Sie stützt sich auf enge Bindungen in patriarchalisch geformten Großfamilienverbänden mit stark ausgeprägter interner sozialer Kontrolle. Den Individuen, insbesondere den weiblichen Angehörigen, wird wenig oder überhaupt keine Selbständigkeit zugebilligt. Im Konfliktfall entscheiden Männer über Frauen. Hinzu kommt die Prägung durch eine Schamkultur, in der das Eingeständnis eigenen Fehlverhaltens und die öffentliche Austragung von Konflikten als Ehrverlust gelten. Zudem werden Familienkonflikte entsprechend der Kultur der Herkunftsregion als reine Privatsache angesehen, in die sich der Staat nicht einzumischen habe. (...). Ein erhebliches Konfliktpotential besteht im Hinblick auf gewaltbereite Clanmitglieder, die sich z.B. gegen Scheidungswünsche von Ehefrauen stellen und potentielle Helfer bedrohen und auch schon Gewalt gegen hilfsbereite Imame ausgeübt haben.*

Soweit zur Paralleljustiz. Die Studie spricht auch von Konfliktpotenzial, dass sich in Ehen dadurch ergibt, dass die Frau hier im Westen sozialisiert wurde und glaubt, Rechte zu haben, während der Ehemann aus der alten Heimat importiert wird und damit nicht umgehen kann. Die Folge ist, dass der drohende Rollenverlust immer wieder durch Gewalt kompensiert und wiederhergestellt wird.

In westlichen, demokratischen Staaten ist das ein Zustand, der nicht hingenommen werden kann. Der Staat hat über das sogenannte Gewaltmonopol zu wachen. Was hat es damit eigentlich auf sich und warum ist es von so grundsätzlicher Bedeutung für unsere Rechtsordnung?

In der Staatslehre westlicher Prägung bezeichnet es die auf staatliche Organe beschränkte Legitimation, unmittelbaren Zwang auszuüben; sei es auch mit physischer Gewalt. Sie leitet sich logisch vom Grundgedanken der staatlichen Souveränität ab und lässt sich terminologisch bei Max Weber und ideengeschichtlich bei Thomas Hobbes finden. In Deutschland leiten wir es aus Art. 20 Absatz 2 des Grundgesetzes ab:

> *Alle Staatsgewalt geht vom Volke aus. Sie wird vom Volke in Wahlen und Abstimmungen und durch besondere Organe der Gesetzgebung, der vollziehenden Gewalt und der Rechtsprechung ausgeübt.*

Ergänzend heißt es in Absatz 3, die vollziehende Gewalt und die Rechtsprechung seien an Gesetz und Recht gebunden. Die Idee ist also: Der einzelne Bürger muss sich nicht selbst bewaffnen und seine Rechte im Rahmen der Blutrache oder des Duells wahren – er überträgt alle Gewalt auf den Staat. Dann darf er sich zur Durchsetzung seiner Rechte aber auch an diesen wenden und auf diesen verlassen.

Für Wilhelm von Humboldt lag der Reiz unter anderem darin, dass Gewaltspiralen ausbleiben, die sich aus dem Hochschaukeln von immer neuen und gegenseitigen Racheschüben ergeben: *„Denn bei der Zwietracht entstehen Kämpfe aus Kämpfen. Die Beleidigung fordert Rache, und die Rache ist ihrerseits eine neue Beleidigung. Hier muss man also* *auf eine Rache zurückkommen, welche keine neue Rache erlaubt – und diese ist die Strafe des Staats.*"

Zivilisatorisch ist das Gewaltmonopol des Staates damit ein bedeutsamer Fortschritt. Wir müssen uns nicht wie Cowboys im Wilden Westen selbst verteidigen – das tut der Staat für uns. Im Übrigen verlassen wir uns darauf, dass außer Polizeibeamten auch in der Regel niemand befugt ist, überhaupt eine Waffe mit sich zu führen.

Das Problem bei dem Konstrukt liegt auf der Hand: Es funktioniert nur, wenn der Staat im Großen und Ganzen in der Lage ist, seine Funktion auszuüben und das Versprechen auch umzusetzen. Wo der Wille auf Rechtsdurchsetzung fehlt, geht auch Vertrauen in staatliche Organe verloren. Der massive Anstieg der Verkäufe von legal erhältlichen Waffen wie Reizgas und Schreckschusspistolen seit der Silvesternacht spricht eine deutliche Sprache: Der Staat hat in Hinblick auf dieses Vertrauen stark an Boden verloren.

Es liegt eine gewisse Ironie darin, dass die Kriminellen vielfach aus Staaten kommen, in denen die Polizei geradezu brutal auftritt und dann hier auf eine Polizei trifft, deren Angehörige sich wie Schülerlotsen geben. Wenn die Beamten nicht ausgerüstet und vor allem ermächtigt werden, mit der nötigen Robustheit im Alltag aufzutreten, dann nützen personelle Aufstockungen, wie sie die Polizeigewerkschaft seit Jahren fordert wenig. Sie verpuffen weitgehend.

Zugespitzt und an einem Beispiel formuliert: Auf der Kölner Domplatte stand in der Silvesternacht eine Hundertschaft der Bereitschaftspolizei – verhindert hat sie offenbar gar nichts. Welcher Frau hätte es genutzt, wenn da nun zwei überforderte Hundertschaften gestanden hätten? Ein Kommandant der

Hundertschaft hat nach der Silvesternacht ein internes Dokument verfasst, das im Nachhinein an die Presse gelangte und in Teilen von der BILD-Zeitung veröffentlicht wurde. Der Beamte schrieb, dass er und seine Kollegen schon bei der Ankunft am Vorplatz von aufgeregten Bürgern mit weinenden und geschockten Kindern über die Zustände informiert wurden. Einsatzfahrzeuge wurden aggressiv mit Böllern beworfen und „einige Tausend" meist männliche Personen mit Migrationshintergrund feuerten Feuerwerkskörper und Flaschen wahllos in die Menschenmenge", so der Beamte, der auch Tote befürchtete. Danach beschreibt der die Situation für Frauen, die uns allen so bekannt sind.

Die Polizei wurde in jener Nacht deshalb nicht Herr der Lage, weil sie nicht darauf vorbereitet war und ist, in solchen Situationen robust vorzugehen. Massenhaft Personalien aufnehmen? Welch ein Unsinn. Es mag zarter besaiteten Gemütern nicht behagen, doch die wirkungsvolle Durchsetzung des staatlichen Gewaltmonopols hätte in jener Nacht erfordern, massiv mit Schlagstöcken, Reiterstaffeln und Hundestaffeln gegen die Horden von Straftätern vorzugehen.

Soweit zur inneren Logik des Gewaltmonopols und seiner Durchsetzung.

Rechtsfreie Räume sind dabei natürlich kein deutsches Phänomen. Auch aus Frankreich und Belgien etwa sind Vorstädte und Stadtteile bekannt, in der sich Angehörige der Polizei nur in Mannschaftsstärke bewegen können.

Umgekehrt, auch das gehört zu einer ehrlichen Debatte, geht eine solche Gewalt teilweise auch von deutschen Gruppen aus. In einigen Gegenden Ostdeutschlands, etwa im Großraum Dresden, in Freital oder in Heidenau kam es immer wieder zu

Übergriffen auf die nun wirklich zahlenmäßig wenigen Menschen mit Migrationshintergrund in dieser Gegend, so dass diese sich nicht frei bewegen können oder zumindest das oben beschriebene Angstklima erleben.

Neonazis sprechen hier von „National befreiten Zonen“. Dass der Staat auch diesen Leuten gegenüber sein Gewaltmonopol nicht wirksam verteidigt, ist offenkundig und ebenfalls nicht hinzunehmen. Wer sich wo und wie frei bewegen darf, obliegt in einer Demokratie nicht einer Horde von Schulabbrechern mit Glatze und fragwürdigem Kleidungsstil.

VII Die Medien: Sturmgeschütze der Idiotie

Deutschland vor fünfzig Jahren. Es ist der späte Abend des 26. Oktober 1962.

In Hamburg wird auf Betreiben des Bundesverteidigungsministers eine Kette von Ereignissen in Gang gesetzt, die die gesamte Republik erschüttert und die Reputation eines Presseorgans in Höhen schleudert, von der die Journalisten des Blattes noch in Jahrzehnten zehren werden.

Auf Beschluss des Bundesgerichtshofs dringen Bundeskriminalbeamte in die Räume des Magazins „Der Spiegel" ein und beschlagnahmen umfangreiches Material. Herausgeber Rudolf Augstein und verschiedene leitende Redakteure des „Spiegel" werden verhaftet. Die Anklage wirft den Journalisten Verrat von Staatsgeheimnissen und Bestechung von Geheimnisträgern vor.

Bis die noch junge Republik sich sortiert hat und Augstein wieder auf freien Fuß kommt, werden drei Monate vergehen. Wie konnte es soweit kommen?

Gegenstand der heute als „Spiegel-Affäre" bezeichneten Ereignisse war ein Artikel mit dem Titel „Bedingt abwehrbereit". Darin wurde die Rüstungsstrategie des Verteidigungsministers Franz-Josef Strauß offengelegt und kritisiert. Strauß war damals der Lieblingsfeind des „Spiegel". Insbesondere wurde kritisiert, dass man die konventionellen militärischen Ressourcen vernachlässige und sich zu sehr auf das Abschreckungspotenzial amerikanischer Atomraketen verlasse.

Die Republik war damals durchweg hierarchisch organisiert und ein solcher Angriff auf die Obrigkeit erforderte noch Mut. Die Redakteure des „Spiegel" brachten diesen Mut auf, als sie die Finger in die Wunde legten und ihr eigenes Sicherheitsbedürfnis hintanstellten. Im Zuge dessen und der darauf folgenden Ermittlungen gegen Augstein und seine Getreuen wurde vieles entschieden, was die Pressefreiheit genauso über lange Jahre geprägt hat, wie das Verhältnis des Staates gegenüber der sogenannten Vierten Gewalt.

Bis heute wirkt zum Beispiel der Reflex, dass die Medien insgesamt solidarisch zusammenstehen wenn eine einzelne Redaktion angegriffen wird. Und ebenfalls bis heute kokettieren die „Spiegel"-Oberen gerne mit ihrem damals aufgebauten Ruf und sprechen vom Spiegel als dem „Sturmgeschütz der Demokratie"; wie Rudolf Augsteins sein Magazin damals noch zu Recht nannte. Das Problem ist nur, dass da heute völlig andere Leute arbeiten. Dieses Magazin beschäftigt inzwischen ernstlich Leute wie Hasnain Kazim als Korrespondenten in Wien und Istanbul, der öffentlich auf seinem Twitter-Account die Aussagen tätigte: *„AfD-Vice Gauland sagt: „Heute sind wir tolerant, morgen fremd im eigenen Land." Meine Antwort: Gewöhn dich dran, Alter!"* und: *„Gewöhn dich dran: Wir sind hier, werden immer mehr und beanspruchen Deutschland für uns. Ob du willst oder nicht".* Hat dieses Nachrichtenmagazin noch irgendeinen Wert oder kann das weg?

So weit, so gut. Wenn die sogenannte vierte Gewalt gut austariert ist und funktioniert, stützt sie die Demokratie. Doch was, wenn der Wunsch der Redakteure, selbst Politik machen zu wollen, überhandnimmt? *„Ihr jubelt über die Macht der Presse – graut Euch nie vor ihrer Tyrannei?"* fragte die Schriftstellerin

Marie Freifrau Ebner von Echenbach und nie war man mehr geneigt ihr Recht zu geben als in unseren Tagen.

Denn was man den Altvorderen gerne zugestand, gilt für die heutige Generation der Journalisten leider nicht mehr. Weder beim Spiegel, noch in den anderen großen Redaktionen im Land. Von wenigen Ausnahmen abgesehen machte die gesamte Presseelite von Beginn der Flüchtlingskrise an eine grauenhafte Figur. Da wurde getrickst, getäuscht und belehrt. Mittlerweile sind viele Journalisten sehr unauffällig unauffällig beigedreht was sich daran zeigt, dass die pädagogischen Artikel, die uns alle lehren sollen wie wir zu denken haben, deutlich rarer gesät sind, als noch vor 12 Monaten.

Abgesehen von der Politik gibt es nur noch eine weitere Klasse, die sich besserwisserisch und bevormundend über das Volk erhebt und sich dafür noch bezahlen lässt: Journalisten. In jedem Krieg – das ist eine Binsenwahrheit –, gehört die Wahrheit zu den ersten Opfern und in der Tat befindet sich Deutschland im Kulturkrieg.

Wer erinnert sich zum Beispiel nicht an die Bilderflut zu Beginn der Krise, als Kindergesichter und Familienfotos gestrandeter Flüchtlingsclans um unsere Gunst buhlten? Es brauchte eine Weile bis sich die Erkenntnis durchsetzte, dass diese Bilder nicht die empirische Realität widerspiegelten. Dass da in Wahrheit mehrheitlich junge Männer ins Land strömten. Nicht wenige von ihnen mit Kampferfahrung aus ihren Heimatgebieten und die überwältigende Mehrheit mit einem festen Set an kulturellen Prägungen, die den unsrigen diametral zuwiderlaufen.

Bilder lügen beredter als mancher Text. „*Wahrhaftigkeit und Politik wohnen selten unter ein einem Dach*“, heißt es dazu klug bei Stefan Zweig. Ironischer geht es für gewöhnlich bei George

Bernard Shaw zu: „*Für einen Politiker ist es gefährlich, die Wahrheit zu sagen. Die Leute könnten sich daran gewöhnen, die Wahrheit hören zu wollen*". Er hätte wohl auch über Politikredakteure gesprochen haben können. Die Grenze ist längst fließend.

Das heißt natürlich nicht, dass die Medienmacher uns nicht auch „zugetextet" haben. Egal was man abonniert hat - überall gab es große Reportagen über rührende Schicksale aus Krisengebieten. Die andere Seite – eventuelle Risiken zum Beispiel, fanden gar keinen Platz während des anfänglichen Hypes. Das kam erst später, als die ersten Zwischenfälle und Totalausfälle öffentlich bekannt wurden. Und auch da immer schön beschwichtigend. Massenschlägereien in Flüchtlingsunterkünften? Ist doch auch nicht anders als auf dem Oktoberfest. Unfassbare Massenbelästigungen durch Gesindel (ja, das ist eine passende Zuschreibung) am Kölner Hauptbahnhof? So sind Männer doch schließlich alle und das sei gar kein neues Phänomen. Und im Zweifel ist sowieso die Polizei schuld, wie üblich.

Diese neue Leitmeinung aggressiv in die Welt zu schreien, war aber nicht genug. Vielmehr mussten alle verteufelt werden, die sich auch nur vorsichtig kritisch mit dem Phänomen auseinandersetzten. Spott von sogenannten „besorgten Bürgern" machte überall die Runde und Menschen, die hier seit Jahrzehnten brav leben und ihre Steuern zahlten sahen sich nun plötzlich in einem Atemzug mit Neonazis diskreditiert.

Allem voran das eingangs erwähnte Magazin Spiegel. Hat zum Beispiel ein gewählter Politiker und Ministerpräsident eines großen Bundeslandes wie Horst Seehofer nicht das völlig selbstverständliche Recht, abweichende Meinungen mitzuteilen und für diese auch politisch einzutreten? Muss er das nicht sogar, wenn es seinen Überzeugungen entspricht? Der Spiegel aber bekämpfte Seehofer auf allen Kanälen und mit Inbrunst. Spiegel-Online etwa, das größte Online-Magazin des Landes, unterlegte zeitweise einen Seehofer-Artikel an prominentester Stelle mit einer Bild-Montage, dass Seehofer mit komplett geschwärztem Hintergrund zeigte und ihn schon optisch dämonisierte.

Und überhaupt offenbarte sich gerade auch in der Silvesternacht das Totalversagen der sogenannten Vierten Gewalt im Staate: Nicht nur, dass die Ereignisse im Nachhinein zunächst noch vielerorts kleingeredet wurden. Die Ereignisse wurden auch nur berichtet, weil sie angesichts der hunderttausendfachen Berichte in sozialen Medien nicht mehr zu unterdrücken waren.

Liest man die offizielle Presseerklärung der Polizei im Nachgang, so ergeben sich nur zwei Möglichkeiten: Entweder man wusste nichts von den Ereignissen und schrieb einfach dennoch darüber, was ein Ausweis atemberaubender Unfähigkeit wäre, oder aber man wollte die Bevölkerung bewusst täuschen, was absolut nicht hinzunehmen ist (Die Presseerklärung im Original lässt sich im Anhang nachlesen.) Angesichts der freimütigen Einsatzberichte der Polizisten aus jener Nacht, die sämtlich dem Präsidium vorgelegen haben, drängt sich tatsächlich der Verdacht auf, dass die Bevölkerung aktiv getäuscht werden sollte.

Die Redaktionen probten die Flucht nach vorn und griffen nun nach Tagen endlich die Berichte auf, die sie selbst schon Stunden nach den Vorfällen hätten bringen sollen.

Hat man dann wenigstens im Nachhinein das eigene Scheitern bilanziert und kritisch die eigenen Denkstrukturen hinterfragt? Wenn, dann wäre davon nichts an die Öffentlichkeit gedrungen.

Immerhin hat man offenbar vielerorts beschlossen, künftig wenigstens den Pressestellen der Polizei genauer auf die Finger zu schauen, die bis heute selbst schwerwiegende Straftaten unter den Teppich kehren, indem sie ihr Einsatzwissen für sich behalten und mit Nachrichtensperren hantieren.

So gab es immer wieder Berichte darüber, dass die Polizei ihre Kompetenzen überschreitet, wenn sie vorher abwägt, was man uns zumuten kann und was lieber nicht. Einen solchen polizeilichen Erziehungsauftrag gibt es in einer Demokratie nun einmal nicht und wenn unbequeme Wahrheiten zu demokratischen Wahlergebnissen führen, die vielen nicht passen, dann ist das eben hinzunehmen. Oder um mit Winston Churchill zu sprechen: „*Demokratie ist die Notwendigkeit, sich gelegentlich den Ansichten anderer Leute zu beugen*".

Kolumnen muss man längst nicht mehr lesen, wenn man die Meinung der Journalisten erfahren möchte. Der Standardfall ist doch, dass man einen Artikel zu einem beliebigen politischen Thema nimmt um sich zu informieren, doch schon im ersten Absatz schlägt einem aufgeregt die irrelevante Privatmeinung des Schreiberlings entgegen, der den Artikel verfasst hat. Nicht zu informieren ist der Anspruch, sondern zu belehren. Man gibt dem dummen Leser nicht nur die Fakten, nein. Zu groß wäre die Gefahr, dass er daraus Rückschlüsse zieht, die ihn politisch nach Rechts rücken lassen. Also interpretiert man die Fakten eifrig vor, lässt notfalls manche Informationen weg und bauscht andere auf. So erzieht man sich seine Leser, wenn es klappt. Das es vielfach eben nicht klappt zeigt das enttäuschte und genervte Abwenden vieler Leser von den sogenannten etablierten Medien hin zu den sozialen Medien, die die Dinge ungefiltert darstellen. Eine hinreichende Alternative ist das freilich nicht: Auf Facebook & Co. gibt es nicht selten Falschmeldungen von interessierter Seite, die

die Menschen künstlich empören sollen. Als ob die Realität nicht längst absurd genug wäre.

In der Tat benötigt eine Demokratie eigentlich eine funktionierende Medienstruktur, die professionell in der Lage ist, all die täglichen Informationen zu bewerten, zu kombinieren, zu prüfen und daraus dann eine Nachricht zu machen.

Die Gründe für dieses strukturelle Versagen der Medienlandschaft böten vermutlich genug Stoff für ein eigenes Buch, wir möchten uns nicht lange damit aufhalten. Nur soviel: Es handelt sich letztlich um eine Mischung aus dem politischen Gestaltungsanspruch vieler liberal gesonnener Ressortleiter und einem Geflecht aus Abhängigkeiten vieler, vieler Mitläufer.

Der Jungjournalist fühlt sich wohler im behaglichen Strom der Tugendbolde, als in dem Strudel, der sich ergäbe, wenn er gegen die Redaktionsmeinung anschreiben wollte. Auch für Redakteure gilt eben nach wie vor das Bonmot von Mark Twain, wonach wir Menschen schätzen, die frisch und offen ihre Meinung sagen – vorausgesetzt sie meinen dasselbe wie wir.

Noch direkter wirken finanzielle Abhängigkeiten: Die meisten Schreiberlinge sind nicht mehr fest angestellt sondern verkaufen ihre Artikel auf Honorarbasis mal hier und mal dort. Unwillkommene Artikel werden schlicht nicht angenommen und können der weiteren Zusammenarbeit nur abträglich sein. Und wer es doch in die Riege der festangestellten Journalisten geschafft hat, wird nichts schreiben wollen, was der weiteren Karriere abträglich ist. Auf die Spitze getrieben heißt das: Wie *die* Journalisten über das Thema denken, ist eigentlich gar nicht so bekannt und auch nicht überragend wichtig. Denn auch hier wirkt eine kleine Elite aus Zeitungschefs und Chefredakteuren, die den Kurs ihres Mediums steuern und vorgeben.

Interessanterweise hat sich nun im Zeitverlauf durchaus ein gewisser Wandel gezeigt. Anfänglich berichteten die Medien in Hinblick auf die Flüchtlingskrise wie aus einem Guss. Nach und nach begannen die ersten Redaktionen damit, offenkundige Probleme zu hinterfragen. Die WELT, die FAZ und andere brachten nun auch kritische Artikel mit vorsichtigen Fragezeichen. Dann kippelte die liberale ZEIT. Die ZEIT hält es nun so, dass beide Seiten ihren Platz in der Wochenzeitung finden. So kann es sein, dass in der einen Woche ein flammendes Plädoyer für offene Grenzen abgedruckt wird und eine Woche später kommen bedächtige Töne an selber Stelle, die die Grenzen unserer Möglichkeiten betonen. Immerhin. Gerade nach der Silvesternacht dämmerte offenbar vielen, dass die so offensiv zelebrierte Willkommenskultur eben doch kein heiteres, unendliches Happening ist. Noch größer war das Erwachen nach der Präsidentschaftswahl in Österreich. Nicht nur dort, auch andernorts gewinnen konservative, bewahrende Parteien: Geert Wilders in den Niederlanden,Christoph Blocher in der Schweiz, Marine Le Pen in Frankreich, Viktor Orban in Ungarn, Frauke Petry in Deutschland und eben Hofers FPÖ in Österreich. Alles Nazis? Das ist natürlich Unsinn.

Hofer hat in Wien beinahe gewonnen – es fehlten ihm wenige tausend Stimmen. Will man wirklich die Hälfte der Bevölkerung eines modernen Industrielandes – und der eigenen Leser – in die braune Ecke stellen und ihnen erzählen, dass sie Idioten sind, die Rechtsdemagogen folgen? Könnten die Befürchtungen nicht vielleicht doch berechtigt sein? Selbst wenn sie es nicht wären – und sie sind es natürlich doch – so gälte pragmatischerweise, was der frühere Innenminister Otto Schily einst schrieb: *„Gefühle sind politische Tatsachen"*. Viele Schreiberlinge und politische Akteure sind seitdem zurückhaltender geworden.

Mittlerweile gibt es wieder eine einigermaßen ausdifferenzierte Zeitungslandschaft in der Flüchtlingsfrage mit Befürwortern und Gegnern die sich weniger scheuen, ihre jeweiligen Argumente ohne Maulkorb aufzuschreiben – wie sich das für eine demokratische Gesellschaft gehört. Wo man sich doch noch ziert, zitiert man eben irgendeinen AfD-Politiker, so dass man sich im Zweifel doch noch distanzieren kann: Man hat's ja nicht selbst gesagt. Die AfD war's! Die vorsichtige Neujustierung zeigt sich unter anderem auch in dem breiten Raum, den man AfD-Politikern einräumt. Kritische Kommentatoren wie Thilo Sarrazin werden ebenfalls wieder vermehrt interviewt.

Traurig ist nur, dass die Medien diese Ausgewogenheit vermissen ließen, als es drauf ankam: Zu Beginn der Krise. Eine vielfach opportunistisch agierende Kanzlerin Merkel hätte sich mit ihren wenig intelligenten Flüchtlingsselfies (vermutlich die teuersten Selfies in der Geschichte der Fotografie) und ihrem Kommt-alle-rein-Gestus möglicherweise zurückgehalten, wenn einige mächtige Redaktionen im Land rechtzeitig und stringent an die Pflichten erinnert hätten, die eine Kanzlerin zunächst mal für *das eigene Volk* hat.

VIII Imame – arabische Meinungsführer mit Einfluss

Imame, also die islamischen Vorbeter in den Moscheen, gelten als wichtige Instanzen mit viel Autorität und Einfluss auf die muslimische Gemeinde. Wer das bestreitet, muss sich nur den Aufwand ansehen, mit dem Staaten wie die Türkei und Saudi-Arabien Imame im Ausland unterstützen. Diese autoritären Staaten wissen um die Macht der Geistlichen und sichern sich deren Wohlwollen durch die entsprechende Finanzierung.

Vielsagend ist der Bericht, der uns zuletzt aus dem kleinen Nachbarland Dänemark erreichte. Eine Redaktion des Fernsehkanals TV2 leistete dort herausragenden investigativen Journalismus, als sie mit viel Aufwand zwei Muslime mit versteckten Kameras ausstattete und ausbildete. Die beiden Muslime gaben sich als Paar aus und lebten drei Monate in einem Migrantenviertel von Dänemarks zweitgrößter Stadt, Aarhus. Mit der versteckten Kamera machten sie sich nun auf und stellten Imamen heikle Fragen, auf die unsere Rechtsordnung eine andere Antwort gibt, als die Scharia.

Nachdem die Dokumentation ausgestrahlt wurde, mussten beide aus Sicherheitsgründen außer Landes gebracht werden.

Das Ergebnis dieser Dokumentation („Hinter dem Schleier der Moscheen") schockiert das ganze Land und hat bereits zu ersten politischen Konsequenzen geführt. Der Pläne für den Bau einer großen Moschee wurden getoppt und ausländische Hassprediger wurden des Landes verwiesen.

Eine der investigativen Journalistinnen behauptete bei diesen Gesprächen zum Beispiel, von ihrem Mann geschlagen und vergewaltigt zu werden und fragt ihren Geistlichen nun, ob sie damit zur Polizei gehen dürfe. Sieben von acht Imamen, die natürlich nicht wussten, dass sie gefilmt wurden, verneinten das. Die meisten behaupten außerdem, dass diese Straftat nicht einmal eine Ehescheidung rechtfertigen würde. Ein Imam äußert sich dahingehend, dass man Kinder ab zehn Jahren schlagen muss, wenn sie nicht beten möchten. Ein anderer Imam äußerte, dass eine fremdgehende Frau gesteinigt werden muss.

Die Sendung weckte sehr viel Unmut in der Bevölkerung, weil eben nicht nur ein oder zwei extreme Imame gefilmt wurden, sondern acht der Vorbeter im ganzen Land; auch aus angeblich gemäßigten Moscheen. So stellte sich zum Beispiel heraus, dass die „gemäßigte“ Moschee in Aarhus einen eigenen Scharia-Rat gebildet hatte.

Und die Lage im Nachbarland Deutschland? Der verantwortliche Redakteur bei TV2 meinte dazu: *„Ich glaube, dass die Situation in anderen europäischen Ländern sehr wahrscheinlich ähnlich ist. (...) Religiöse Führer haben sehr viel Macht.*“ Nur weil wir nicht über die investigative Journalisten verfügen, die entsprechendes Treiben der Imame hierzulande aufdecken möchten, heißt das natürlich nicht, dass ausgerechnet in Deutschland alles mit rechten Dingen zugeht. Wenn Imame in Dänemark das dortige Recht mit Füssen treten, dann wird es hier kaum besser sein.

Auch die deutschen Sicherheitsbehörden wissen um den Einfluss der Imame. Der 15. Dezember 2015 begann für Sven Lau alias *Abu Adam* wie ein ganz normaler Dienstag. Der zum Islam konvertierte Prediger und Leiter einer Hinterhofmoschee in seiner Heimatstadt Mönchengladbach war schon früher mit der Polizei in Konflikt geraten. Das er gemeinsam mit anderen Clowns die Stirn hatte, sich als Scharia-Polizei zu verkleiden und durch das nordrhein-westfälische Wuppertal zu begeben, brachte ihm bundesweite Bekanntheit und die Aufmerksamkeit der Behörden ein. Schwerer als die Wuppertaler Eskapaden wog allerdings, dass aus seinem Umfeld ungewöhnlich viele junge Männer nach Syrien verschwanden. Der Konvertit selbst konnte schon gar nicht mehr verreisen – die Behörden hatten seinen Pass eingezogen.

An diesem Vormittag wollte Lau bei der örtlichen Polizeistation vorbeischauen. Er hatte eine Mitteilung bekommen, dass er dort noch persönliche Gegenstände abholen könne, die nach seiner letzten Vernehmung freigegeben worden waren. Doch das war nur ein Vorwand. Als Lau die Dienststelle betrat, wurde er von dort wartenden Mitgliedern eines Spezialeinsatzkommandos überwältigt – die Generalbundesanwaltschaft hatte seine Verhaftung angeordnet.

Die Beamten waren zum Schutz vor späteren Racheakten vermummt. Lau selbst wurde gefesselt und ebenfalls vermummt. Sie führten ihn zum Hintereingang wo bereits eine Wagenkolonne aus gepanzerten Fahrzeugen darauf wartete, den Terrorverdächtigen direkt aus Mönchengladbach nach Karlsruhe zu bringen und einem Haftrichter vorzuführen. Schwer bewaffnete Bereitschaftspolizisten sicherten während der Aktion das Kommissariat nach allen Seiten ab.

Der fünffache Vater sei, so teilten die Ankläger dem Ermittlungsrichter mit, die zentrale Anlaufstelle für Kampf- und Ausreisewillige aus der salafistischen Szene im Großraum Düsseldorf. Konkret warfen sie ihm die Unterstützung einer ausländischen terroristischen Vereinigung in mehreren Fällen vor.

Der Inlandsgeheimdienst BfV schätzt die Zahl derer, die in Deutschland potenziell zur Teilnahme zum „heiligen Krieg" radikalisiert werden könnten, auf über 40.000 Menschen in mehr als 30 islamistischen Organisationen. Es ist klar, dass der Staat nicht all diese Menschen im Blick behalten und observieren kann. Umso wichtiger wäre es, jene Multiplikatoren im Blick zu behalten, die im Guten wie im Schlechten Einfluss auf diese Szene nehmen können: Die Imame. Denn dort haben sie die Gläubigen versammelt, dort haben sie Autorität.

Kämpfer, die von Deutschland aus in den heiligen Krieg ziehen, sind nicht einfach nur ein Ärgernis für die dortige Region. Sie sind zudem eine handfeste Gefahr für die innere Sicherheit, wenn sie zurückkehren. Die BILD-Zeitung zitierte einen Geheimdienstmann mit den Worten: *„Die Rückkehrer sind kampferprobt, haben eine Gehirnwäsche hinter sich und sind komplett verroht"*. Es liegt auf der Hand, dass von diesen Kriegern eine Gefahr für das Land ausgeht: Aus deren Sicht muss Deutschland mit seiner liberalen Kultur und all den Ungläubigen der reinste Sündenpfuhl sein.

Die zweitbeste Frage aus Sicht der Sicherheitsbehörden muss also lauten: Wie können wir die Lage in den unübersichtlich vielen Moscheen mit all den aus anderen Ländern importierten und fast nur auf arabisch predigenden Imamen im Blick behalten?

Die beste Frage schließlich ist viel simpler: Können wir derartige Gefahrenlagen nicht eindämmen indem wir erstens – wie Österreich oder Dänemark – fremdfinanzierte Imame des Landes verweisen und zweitens rechtsstaatlich-konsequent gegen jegliche islamistische Umtriebe vorgehen, statt diese nur zu beobachten? Doch dazu später mehr.

IX Finanzielle Folgen der Flüchtlingskrise

Um es vorweg zu sagen: Die finanziellen Folgen der aktuellen Flüchtlingskrise sind fast unüberschaubar und kaum seriös zu berechnen. Der ehemalige Berliner Finanzsenator und heutige Publizist Thilo Sarrazin errechnete eine Summe von 1,5 Billionen Euro. Er rechnet zu diesem Zweck angenommene Folgekosten bis zu deren natürlichem Tod hoch.

Faktisch ist das eine gewagte Rechnung, da kein Wirtschaftsinstitut derart langfristig in die Zukunft blicken und Kostenabschätzungen vornehmen wird. Dafür liegen die Fachleute schon bei kurz- und mittelfristigen Berechnungen zu häufig falsch. Wenn die unlängst ins Land geströmten Flüchtlinge noch Millionen Familienmitglieder nachziehen, dann sind ohnehin alle Berechnungen Makulatur.

Was man jedoch schon heute sagen kann: Jeder Flüchtling kostet nach Auskunft verschiedener Stellen gegenwärtig jährlich etwa 12.000 €. Vergessen wir nicht: All diese Menschen sollen durch Sprachkurse geschleust werden und müssen in den allermeisten Fällen erst grundständig ausgebildet werden, bevor einige von ihnen irgendwo einer Tätigkeit nachgehen können. In dieser Zeit brauchen sie Nahrung, Kleidung und Obdach. Im Übrigen sind ungelernte oder niedrig qualifizierte Tätigkeiten heute schon Mangelware auf dem deutschen Arbeitsmarkt – die meisten Flüchtlinge werden ein Leben lang nicht auf dem Arbeitsmarkt vermittelbar sein, so dass die Gemeinschaft der Steuerzahler für deren Lebensunterhalt bis zum natürlichen Ableben aufkommt.

Soweit zu den gegenwärtigen Belastungen. Falls der Staat all das tatsächlich mit 12.000 € bewerkstelligen kann, wäre das fantastisch günstig. Versteckte Kosten, die zum Beispiel durch viele Polizeieinsätze im Land entstehen oder durch zehntausende Behördenmitarbeiter, die entsprechende Anträge bearbeiten, werden sicherlich nicht eingerechnet sein. Doch auf diese kommt es bei den hier geschilderten Dimensionen auch schon fast nicht mehr an.

Auf den Näherungswert von 12.000 € kommt auch der Bericht „Finanzierung der Flüchtlingspolitik" der Robert Bosch Stiftung vom Februar 2016. Die durchführenden Wissenschaftler weisen darauf hin, dass sie damit ungefähr im Mittel der Schätzungen liegen, die landesweit von verschiedenen Zeitungen und Journalen veröffentlicht wurden. Bei den etwa 1,1 Millionen Flüchtlingen allein aus dem Jahr 2015 reden wir da über momentane jährliche Kosten in Höhe von mehr als 13 Milliarden Euro.

Unfreiwillig amüsant und nur am Rande bemerkt betätigen die Autoren sich auch ungefragt als Politikberater und empfehlen, die entstehenden Kosten nicht durch Neuverschuldung, sondern durch Steuererhöhungen zu finanzieren. Ernsthaft? Ein Soli für Flüchtlinge? Wenn die Regierung das im gegenwärtig aufgeregten Klima auch noch vorschlägt, müssen wir uns wohl wirklich bald Sorgen machen, das die ersten Bürger zum bewaffneten Widerstand aufrufen. Das Internet als Seismograph unser aller Befindlichkeiten trieft schon heute vor Hass – niemand der zart besaitet ist, sollte sich Kommentarspalten unter einschlägigen Artikeln und YouTube-Videos durchlesen.

Zugleich ist es ja nicht so, dass wir keine anderen finanziellen Herausforderungen haben. Schon heute gibt es wichtige finanzielle Herausforderungen, die eigentlich dringend angegangen werden müssten. Wenn die Regierung es beispielsweise ernst meinte mit der Vereinbarkeit von Familie, Freizeit und Beruf so müsste sie endlich bundesweit für einen kostenlosen Kita-Besuch sorgen. Statt dessen bezahlen Eltern in Metropolen wie Hamburg je nach Einkommen hunderte Euro jeden Monat für die Betreuung ihrer Kleinsten. Geld das dann für den Familienurlaub und andere Bedürfnisse fehlt. Die Infrastruktur ist ebenfalls vielerorts marode. Und der Solidaritätsbeitrag hätte schon vor Jahren abgeschafft werden sollen – diese Steuererleichterung würde vielen Menschen helfen. Auch Altersarmut ist bereit heute in höherem Maße Realität, als wir alle wahrhaben möchten. Etwa seit 2005 nimmt die Altersarmut in besorgniserregendem Umfang zu, wie die Hans-Böckler-Stiftung konstatierte.[25] Auch die Bundeswehr ist marode und nicht gerüstet für die Aufgaben der Zukunft. Die Staatsverschuldung? Müsste zum Wohle unserer Kinder und Enkel endlich nachhaltig gesenkt werden.

Doch das sind nur einige augenfällige Beispiele – jeder mag eigene Beispiele vor Augen haben.

Dazu kommen immense Herausforderungen für die Zukunft, wenn uns die Folgen des demografischen Wandels mit aller Unerbittlichkeit treffen. Schon heute hat niemand eine valide Antwort, wer eines Tages unser aller Rente zahlen soll. Angesichts des Qualifikationsniveaus der sogenannten Neubürger aus Syrien, Afghanistan und Nordafrika wissen wir nur: Diese Menschen werden das jedenfalls nicht übernehmen können.

Die Grünen-nahe Heinrich Böll-Stiftung schrieb schon 2013: *„Weil der Rentenbeitrag bis 2030 nicht höher als bis auf 22 Prozent des Bruttoeinkommens steigen soll, wird das Rentenniveau von derzeit 52 Prozent auf dann 43 Prozent im*

Jahr 2030 sinken. Viele Rentner/innen werden nicht allein von ihrer gesetzlichen Rente leben können. Bereits heute beträgt die durchschnittliche Rente der Frauen nur 739 Euro. Die durchschnittliche Rente der Männer beträgt hingegen 998 €, das sind 159 €/Monat Unterschied."[26]

Soweit die Bewertung der Situation *vor der Flüchtlingskrise*. Nun fehlt erst Recht das nötige Geld. Weniger politisch formuliert: Flächendeckende Altersarmut für Menschen die ihr Leben lang in die Systeme eingezahlt haben, wird im Land politische Realität sein. Das Wissen ihrer eigenen Stiftung hält die Grünen, nebenbei bemerkt, selbstverständlich nicht davon ab, weiterhin eifrig jeden Flüchtling willkommen zu heißen.

X Der Islam und das Grundgesetz

Eine in mehrfacher Hinsicht groteske Diskussion entbrannte Anfang 2016 in den Feuilletons. Führende Politiker der AfD postulierten, der Islam als Religion sei nicht mit dem Grundgesetz zu vereinbaren. So äußerten sich Beatrix von Storch, Alexander Gauland und auch die Vorsitzende Frauke Petry. *„Die Grundgesetzwidrigkeit des Islam ist eine Tatsache (...) Es kommt entscheidend darauf an, dass der Islam in seinen integralen Bestandteilen Scharia und Koran nicht mit dem Grundgesetz vereinbar ist“*, äußerte Petry in einem Zeitungsinterview. Hätte man geäußert, dass der Islam nicht mit unseren kulturellen Werten zu vereinbaren sei, der auch – aber längst nicht nur – in der Verfassung verankert ist, so hätte das Thema wohl kaum die Schlagzeilen bestimmt. Die Behauptung, eine Religion sei nicht mit dem Grundgesetz vereinbar, impliziert dagegen zwischen den Zeilen: Diese Religion ist gesetzeswidrig.

Politiker der Multikulti-Fraktion und von Islamverbänden verneinten das rundweg und ohne sich vertieft mit den Hintergründen zu befassen. So meinte etwa der Vorsitzende des Islamrats, Burhan Kesici, der Islam sei *„selbstverständlich mit dem Grundgesetz vereinbar“*. In einem Interview mit dem Deutschlandfunk äußerte er zum Beispiel auf kritische Nachfragen zur Grundgesetz-Kompatibilität, dass Frauen ja nicht gezwungen seien, ein Kopftuch tragen und das dies *„nichts mit dem Druck der Gesellschaft zu tun“* habe. Ausgerechnet die Türkei, die seit Erdogans Amtsantritt einen deutlichen Rückfall in den Islam erlebt, empfahl er als Vorbild. Es ist ziemlich offensichtlich, dass Kesici mit dem Interview überfordert war.

Auch Merkel selbst bezog Stellung, als sie anmahnte, Toleranz bedeute nicht, dass die Scharia im Zweifel über dem Grundgesetz stehe.

Grotesk ist die Diskussion deshalb, weil die Grundgesetzwidrigkeit wesentlicher islamischer Bestimmungen *eigentlich* völlig evident ist. Bei jeder anderen, nicht-religiösen Organisation, die sich heute gründen und die Ansichten des Islam verkünden würde, wären sich alle einig: Diese Organisation postuliert grundgesetzwidrige Verhaltensmaximen und muss im Auge behalten werden. Doch beim Islam ist man natürlich vorsichtig – schließlich will man diesem großen Personenkreis nicht auf die Füße treten.

Ohne Sure für Sure den Koran untersuchen zu wollen, reicht zur Beweisführung schon ein flüchtiger Vergleich wichtiger Bestimmungen. Der Koran ist eine Religion mit Absolutheitsanspruch und bei strenger Auslegung ist jeder zum Tode verdammt, der dem Islam nicht angehört und demnach dann ein „Ungläubiger" ist.

Auch Homosexuelle werden zum Beispiel im Koran nicht geduldet und können ihre Neigung keineswegs ungestraft ausleben.

In der Familie gestalten die Eltern auch nicht partnerschaftlich und gleichberechtigt die Kindererziehung, wie die Verfassung das in Artikel 6 vorsieht, sondern Papa hat das letzte Wort. Und überhaupt ist die Stellung der Frauen im Islam gegenüber den Männern eine nachgeordnete. Wer das bezweifelt kann gerne als Frau versuchen, in einem arabischen Land eine Vergewaltigung zur Anzeige zu bringen. In der Regel muss die betroffene Frau damit rechnen, in diesem Fall selbst wegen „außerehelichen

Geschlechtsverkehrs" inhaftiert und angeklagt zu werden. So erging es unlängst zum Beispiel einer Niederländerin in Katar.

Und das Grundgesetz? Im Artikel 3 heißt es unmissverständlich: *1) Alle Menschen sind vor dem Gesetz gleich.*b *(2) Männer und Frauen sind gleichberechtigt. Der Staat fördert die tatsächliche Durchsetzung der Gleichberechtigung von Frauen und Männern und wirkt auf die Beseitigung bestehender Nachteile hin.*

Damit wäre die Grundgesetzwidrigkeit auf den ersten Blick also bewiesen. Andererseits, und das ist der tiefere Grund dafür, die Debatte grotesk zu nennen, lässt sich die Frage aus einem anderen Blickwinkel zu Recht auch verneinen und es liegt in unser aller Interesse, eine Kompatibilität des Islam mit unserer Verfassung gar nicht erst ernsthaft zu fordern. Wie kann das sein?

Tatsächlich erfordert die Frage eine differenzierte Beantwortung und ist durchaus komplexer, als es auf den ersten Blick den Anschein haben mag. Denn *keine Religion* dürfte, soweit wir deren Glaubensansichten unter die Lupe nehmen, rundweg mit dem Grundgesetz vereinbar sein. Die meisten Religionen sind weltumspannend tätig und können schon rein technisch nicht auf alle jeweiligen Verfassungen der einzelnen Länder abgestimmt werden.

Die Bibel stimmt ebenfalls nicht mit dem Wesensgehalt essentieller Normen des Grundgesetzes überein. Wer sich das nicht vorstellen kann, der mag sich gerne beispielhaft einige Aussagen des Apostels Paulus zur Rolle von Frauen zu Gemüte führen:

> *„Wie in allen Gemeinde der Heiligen sollen Frauen in der Versammlung schweigen; es ist ihnen nicht gestattet zu*

> *reden, sondern sie sollen sich unterordnen. (…) Wollen sie aber etwas lernen, so sollen sie daheim ihre Männer fragen. Es steht ihnen schlecht an, in der Gemeinde zu reden.“*
>
> 1. Brief an die Korinther 14:33-35
>
> *„Eine Frau lerne in der Stille mit aller Unterordnung. Einer Frau gestatte ich nicht, dass sie lehre, auch nicht, dass sie über den Mann Herr sei, sonder sie sei still“.*
>
> 1. Brief an Timotheus 2:11

Soweit zwei beispielhafte Aussagen aus dem Neuen Testament. Das Alte Testament ist auch nicht versöhnlicher. Zum Beispiel heißt es im mosaischen Gesetz zum Umgang mit Homosexuellem:

> *„Schläft einer mit einem Mann so, wie man bei einer Frau liegt, so haben beide eine Gräueltat begangen. Beide werden mit dem Tod bestraft. Ihr Blut soll auf sie kommen.“*
>
> Levitikus 20:13

Wir sehen also – der Koran ist nicht das einzige Buch, das mit dem Grundgesetz kollidiert. Die Bibel und andere heilige Bücher enthalten ebenfalls fragwürdige Passagen. Mag sein, dass viele Werte der Verfassung (*Du sollst nicht morden, Du sollst nicht stehlen…*) sich auch aus christlich-biblischer Tradition ableiten lassen, gleichwohl stehen andere Passagen im Widerspruch und wir gewinnen nichts, wenn wir versuchen, das Offensichtliche wegzudiskutieren.

Ein Grund zur Aufregung ist das alles jedoch nicht. Aus grundgesetzlicher Sicht ist es nämlich keineswegs notwendig, dass Religionen in Hinblick auf ihren Glaubensgehalt den gleichen Geist atmen, wie das Grundgesetz. Im Gegenteil: Die Väter und Mütter unserer Verfassung wussten genau um die problematischen Aspekte der Weltreligionen und haben dennoch den folgenden Grundsatz in Artikel 4 verankert:*(1) Die Freiheit des Glaubens, des Gewissens und die Freiheit des religiösen und weltanschaulichen Bekenntnisses sind unverletzlich.(2) Die ungestörte Religionsausübung wird gewährleistet.*

Das bedeutet, das Grundgesetz stellt die Religionen trotz ihrer teilweise mit der Verfassung nicht kompatiblen Ansichten sogar unter seinen Schutz (!)

Verständlich wird das erst, wenn wir beginnen, zwischen abstrakten Glaubensgrundsätzen und Verhaltensmaximen zu unterscheiden. Denn die Angehörigen einer Religionsgemeinschaft dürfen im Binnenverhältnis – wenn sie unter sich sind und das System auf Freiwilligkeit basiert –, auch Ansichten vertreten, die unmodern sind und vor Gericht keinen Bestand hätten. Problematisch wird es erst, wenn von Anhängern einer Religion versucht wird, diese Grundsätze aggressiv auch externen Personen aufzuoktroyieren, die das gar nicht wollen.

Wozu dann die ganze Aufregung? Zum einen, weil einige Vertreter des sogenannten politischen Islam es leider nicht bei den abstrakten Glaubenssätzen belassen, sondern mit Bomben und Sturmgewehren gegen jene vorgehen, die aus ihrer Sicht die „Ungläubigen“ sind. Für sie liefert der radikale wahhabitische Islam die Ideologie, die notwendig ist, damit man sich nach einer solchen Tat nicht als ein erbärmlicher kleiner Mörder, sondern als Märtyrer und Held fühlt.

Zum anderen, weil ganz andere Probleme auf eine Bevölkerung zukommen, wenn große Teile stark religiös geprägt sind und nach ihrer Religion leben möchten. Denn wenn wir ehrlich sind: Die Deutschen sind in unserer Zeitepoche ein weitgehend unreligiöses Volk. Die wenigsten schleppen sich Sonntags in die Kirche.

Die Bibel und der christliche Glaube sind zwar nebulös und auf eine Weise, welche die meisten nicht mehr fehlerfrei herleiten könnten, Teilgrundlagen unserer Kultur. Doch weder leben die meisten danach noch argumentieren wir im Alltag damit. Als wir etwa zuletzt eine politische Diskussion zum Thema Frauen und Gleichstellung in Vorständen hatten, gab es jedenfalls niemanden, der sich auf die obigen Aussagen des Paulus berufen hätte, um zu argumentieren, dass wir Frauen den Chefsessel verweigern sollten.

Doch wie wäre es, wenn große Teile der Bevölkerung biblische Gebote mit Feuereifer vertreten und auf deren Einhaltung bestehen würden? Dann täte der Staat sich schnell schwer mit seiner Rolle als säkularer Hüter abendländischer Werte. Anders gesagt: Der Vorrang der nationalen Verfassung vor christlichen Geboten steht heute nirgendwo zur Debatte, weil die Anzahl der Bibelfundamentalisten im Land jenseits der Wahrnehmungsschwelle liegt. Da ist es dann nicht schwer, das Grundgesetz und seine Ableitungen zu verteidigen.

Bei Muslimen könnte das allerdings künftig anders aussehen. Diese Menschen besuchen ihre Moscheen eifriger und in weit größerer Anzahl, als die nominellen Christen ihre Kirchen und importieren aus ihren Heimatländern vielfach einen deutlich ausgeprägteren religiösen Eifer.

Wohin die Reise geht, wenn es nach einer Vielzahl von *türkischstämmigen* Muslimen hierzulande geht, zeigte eine erschreckende Studie der Universität Münster aus dem Jahr 2016 mit dem Titel „Integration aus der Sicht von Türkeistämmigen in Deutschland".

Der Aussage „*Muslime sollten die Rückkehr zu einer Gesellschaftsordnung wie zu Zeiten des Propheten Mohammed anstreben*" stimmten 32 Prozent zu (!) Ein Drittel dieser Leute wünscht sich also eine archaisch-mittelalterliche Gesellschaftsordnung zurück. Der Aussage „*Die Befolgung der Gebote meiner Religion ist für mich wichtiger als die Gesetze des Staates in dem ich lebe*" stimmten 47 Prozent zu. Fast die Hälfte. Mit Verlaub – was wollen diese Menschen dann überhaupt in unserem Land? Außerdem – und das ist schon fast wieder lustig – regen sich 83 Prozent auf, wenn bei einem neuen Terroranschlag zugleich als Erstes Muslime verdächtigt werden. Wen soll man denn sonst verdächtigen? Ist es nicht so, dass der IS und die etwas in die Jahre gekommene Al Qaida die Welt seit Jahren mit Terror überziehen? An die Rentner von der RAF denkt man jedenfalls nicht mehr, wenn wieder mal in einer europäischen oder amerikanischen Metropole ein Irrer in Menschenmengen schießt.

Das war allerdings nur eine Untersuchung der türkischstämmigen Bevölkerung. Die Flüchtlinge stammen vielfach aus Gegenden, die strengere Auslegungen des Islam fördern – man darf getrost davon ausgehen, dass die oben genannten Prozentsätze unter Syrern und Afghanen auch nicht geringer sind.

Wenn hier also gemessen an der Anzahl der Muslime eine kritische Schwelle überschritten ist und der Islam *zugleich* beginnt, sich in Deutschland auch parteipolitisch zu mobilisieren, so ist sehr leicht vorstellbar, dass wir mit Forderungen konfrontiert werden, die aus dem Islam abgeleitet sind und uns nicht gefallen werden. Ein Beispiel hierfür ist die Polygamie. Schon heute ist es so, dass deutsche Behörden teilweise Mehrfachehen gestatten, wenn die betreffenden Personen bereits im Ausland geheiratet haben und dann als geschlossene Gruppe in die Bundesrepublik emigrieren. Mit deutschem Recht ist das aber genauso wenig zu vereinbaren, wie mit der deutschen Kultur. Um es in der Sprache der Jugend zu sagen: Sowas geht ja wohl gar nicht. Hier wird das auf der Scharia gründende Eherecht der Zuzügler über das nationale Recht gestellt. Solchen Personen müsste man sagen: Wir anerkennen hier eben keine Mehrfachehen. Notfalls muss diese „Familie“ dann eben in ein islamisches Land emigrieren.

Spürbar könnte ein Konflikt zwischen Grundgesetz und Scharia aber auch im Schulunterricht werden, wenn künftig verlangt würde, den islamischen Glauben gleichberechtigt und positiv konnotiert im Unterricht vorzustellen. In einem solchen Fall würden unsere Kinder in der Tat mit Sitten und Normen konfrontiert, die nicht im Einklang mit unserer Verfassung stehen.

Vorerst aber, da sollten wir uns nicht täuschen, haben wir weitaus dringlichere Probleme im Zusammenhang mit Migration und Flüchtlingskrise.

XI Zwischenfazit: Eine Kultur gibt sich auf

Wo ist eigentlich der genaue Nachteil für das Land im Ganzen, wenn einzelne Volksgruppen Subkulturen bilden und auf wichtigen Gebieten wie etwa der Bildung oder dem Gebiet der Rechtssystems ein Eigenleben führen?

Denken wir an den Arbeitsmarkt, dann sind die Nachteile offensichtlich: Wir alle Zahlen in die sozialen Sicherungssysteme ein und bezahlen Steuern. Wenn eine Gruppe ohne Not überproportional häufig auf diese Sicherungssysteme zurückgreift, kosten das Geld, das damit den anderen Mitgliedern der Bevölkerung logischerweise nicht mehr zur Verfügung steht. Geld kann nur einmal ausgegeben werden. Wem diese Binsenweisheit zu trivial ist, der möge sich nach Berlin begeben und sich bei den etablierten Parteien umhören – dort ist die Erkenntnis weitgehend unbekannt.

Selbstverständlich ist die Welt auch hier nicht schwarz/weiß. Zuwanderung kann der deutschen Gesellschaft Nutzen bringen, vermutlich sogar in gewissem vernünftigem Rahmen notwendig sein. Wäre jede Volksgruppe gänzlich für sich, so wäre das geradezu provinziell und dröge.

Doch dazu müssen wir den Mut haben, die eigenen Bedürfnisse zu formulieren und Zuwanderung nach Qualifikation zu steuern. Ähnlich wie es in praktisch allen Industrienationen Standard ist. Statt dessen ist die Frage *wen* wir aufnehmen in Deutschland stets eine moralische. Vereinfacht gesagt: Wir schauen nicht, wen wir gebrauchen können, sondern wir schauen, wer uns braucht. Das ist aber leider der falsche Ansatz.

Wie es auch anders geht, zeigen uns die USA. Dort ist es selbstverständlich, dass auch ganz pragmatisch auf die Qualifikation der Einwanderer abgestellt wird. Mega-Erfolgsstorys wie die von Apple-Gründer Steve Jobs (Sohn syrischer Einwanderer) oder Jennifer Aniston (Griechische Abstammung) runden das Bild dann ab.

Aber diese Vorteile lassen sich nur heben, wenn die Zuwanderer auch zumindest durchschnittlich gut in den Arbeitsmarkt integriert sind. Offen gestanden: Wie jedes andere Volk auch haben wir schon selbst genug Menschen, die am unteren Ende aller Skalen (Bildung, Einkommen, Hartz IV, ...) rangieren und die unserer Hilfe bedürfen. Es gibt keinen Bedarf für ein zusätzliches importiertes Prekariat. Es ist daher nur verständlich, dass bewusst Menschen mit gefragten beruflichen Fähigkeiten bei der Einreise bevorzugt werden.

Der österreichische, knapp unterlegene Bundespräsidentenkandidat Hofer meinte etwas uncharmant: „*Wir sind nicht das Sozialamt der Welt*“. Klar – das klingt nicht nett, aber so ist es nun einmal. Wer von uns verteilt denn jeden Monat einen schmerzlichen Anteil seines Einkommens an Obdachlosen oder andere Bedürftige? Nun denn – das Staatsbudget ist unser aller Geld.

Fiskalisch ist Deutschland ebenso wie viele andere Länder stark auf die Einkommenssteuer angewiesen. Einkommenssteuer zahlt aber nur, wer arbeitet. Auch die Mehrwertsteuer fällt in höherem Maße bei jenen an, die auch etwas auszugeben haben und nicht im Bereich des Existenzminimums operieren. Umgekehrt und sehr ehrlich auf den Punkt gebracht heißt das: Wenn die Kinder muslimischer Einwanderer hier besonders häufig in der Schule auf der Strecke bleiben und dann in der Folge am Arbeitsmarkt chancenlos sind, dann fallen das ganze

Leben lang auch überproportionale Kosten bei den Sozialleistungen an, die irgendwann in alimentierte Renten übergehen.

Für das Kindergeld dieser überdurchschnittlich gebärfreudigen Familien fallen ebenfalls nennenswerte Kosten an, die man nur dann freudig als Investition in die Zukunft begreifen kann, wenn diese Kinder dann auch irgendwann in der Zukunft mal auf dem Arbeitsmarkt landen. Für all diese lebenslang anfallenden Kosten kommt die Versicherten- und Steuerzahlergemeinschaft auf.

Andere, ebenfalls unangemessenen Kosten fallen dabei im Vergleich schon fast unter den Tisch und sollen hier keine weitere Rolle spielen. Nur ein Beispiel mag genügen: Wenn Türken und Kurden glauben, ihren tausende Kilometer entfernt situierten Konflikt mitten in Deutschland bei Demonstrationen und Auseinandersetzungen austragen zu müssen, dann kommen die jeweiligen Hundertschaften der Polizei auch nicht in ihrer Freizeit und ehrenamtlich, sondern müssen von deutschen Steuergeldern finanziert werden – im Grund nicht mehr und nicht weniger als eine unerträgliche Unverschämtheit von Menschen, denen nicht klar ist, wie man sich als Gast in einem fremden Land zu benehmen hat.

Nebenbei gesagt ist die PKK, also die kurdische Arbeiterpartei nach Einschätzung des Bundeskriminalamtes die „mitgliederstärkste nichtislamistische extremistische Ausländerorganisation“.[27] Was wollen diese Hitzköpfe hier? Wir brauchen deren Krieg hier nicht und wir haben Kurden nicht Asyl gewährt, damit sie ihre Konflikte bei Straßenschlachten mitten in Hamburg, Berlin und andernorts austragen können.

Soweit zur Kostenseite. Es ist an dieser Stelle wenig weiterführend, mit konkreten Berechnungen und

Milliardenbeträgen zu jonglieren, die ja doch im nächsten Jahr wieder von der Wirklichkeit eingeholt werden. Ein konkretes Beispiel von den Machern der schon erwähnten Studie des Berlin-Instituts macht das Problem jedoch sehr bildlich bewusst und soll hier in kurzen Worten wiedergeben werden:

2005 waren in Deutschland knapp 4,9 Millionen Menschen arbeitslos. Hochgerechnet fielen dadurch für den Staat Kosten in Höhe von etwa 87 Milliarden Euro an. Der Anteil der Migranten hieran lag bei 27 Prozent und somit etwa 23,6 Milliarden Euro. Diese Summe entsprach ungefähr dem Jahreshaushalt des Bundeslandes Niedersachsen für 2009 (!). All dieses Geld stünde für kostenlose KITA-Besuche, sanierte Straßen und Brücken und sonstige deutsche Belange zur Verfügung.

Nun ist das zugegebenermaßen etwas verkürzt gerechnet. Klar ist doch, dass Migranten die hier in die sozialen Sicherungssysteme einzahlen, diese natürlich auch nutzen können. Was jedoch immens stört ist, dass Migranten *überproportional* hohe Kosten verursachen.

Rechnet man nun die direkten und indirekten Kosten hinzu, die sich durch die Flüchtlingslawine ergeben, so dürften die so entstehenden Kosten durchaus mit den Staatsetats kleinerer Industrienationen gleichauf liegen.

Das Ifo-Institut kam schon 2001, also lange vor der Flüchtlingskrise, zu dem Schluss, dass die Zuwanderung nach deutschem Muster ökonomisch gesehen und in ihrer Gesamtbilanz betrachtet mehr Kosten als Gewinn verursacht.[28] Sicher lassen sich auch Berechnungen anderer Ökonomen finden, die das wiederum bezweifeln oder sogar eine leicht positive Bilanz behaupten.

Doch warum sollten wir überhaupt Einwanderer akzeptieren, wenn diese nicht ganz klar und rechnerisch über jeden Zweifel erhaben einen finanziellen Mehrwert generieren? Zugleich fehlen Jahr für Jahr Gelder für die Kernbevölkerung um Projekte und Bedürfnisse für jene zu finanzieren, die ins System einzahlen.

Von geradezu niedlicher Unkenntnis zeugt vor diesem Hintergrund der häufig gemachte Hinweis, angesichts der nahenden Überalterung der Gesellschaft sei man auf gebärfreudige junge Migranten rundweg angewiesen – schließlich müsste ja jemand die Rente bezahlen und in Deutschland finanziert immer die gerade aktuelle Generation der Erwerbstätigen die Rente für die Pensionäre. Selbst wenn diese Leute ein Interesse daran haben, die Renten von „Ungläubigen“ zu bezahlen, so funktioniert das doch wohl nur, wenn die jungen Migranten dann auch tatsächlich in großer Zahl auf den Arbeitsmarkt strömen und dann auch nicht nur in geringqualifizierte Tätigkeiten die kaum Steuern abwerfen, sondern auch in gut bezahlte Tätigkeiten.

Doch das ist „nur“ die ökonomische Seite. Nicht uninteressant ist überdies, welche nicht-monetären Kosten sich aus einer verfehlten Einwanderungspolitik ergeben. Mangelnde Integration fordert ja nicht nur finanziell ihren Tribut. Der naheliegendste Bereich ist hier die Kriminalität. Seit Jahren rechnen sich die Behörden die Kriminalitätsstatistiken straffälliger Migranten schön, um keinen Rechtsruck in der Bevölkerung zu riskieren.[29] Derweil nutzen osteuropäische Banden Deutschland als Einzugsgebiet für ihre ausgedehnten Raubzüge, arabische Clans dominieren bundesweit den Drogen- und Menschenhandel und das Bundeskriminalamt hat alle Hände voll zu tun, um in mindestens vierzig Fällen gegen Flüchtlinge wegen Verdachts auf Mitgliedschaft in einer terroristischen Vereinigung zu ermitteln.[30]

Und kulturell? Prinzipiell ist es doch zunächst eine Bereicherung für eine Kultur, wenn sich Angehörige anderer Kulturen mit ihren Sitten und Gebräuchen hinzugesellen und in der Mehrheitsgesellschaft aufgehen. Wer möchte, abgesehen von einigen Naziholzköpfen, schon wirklich in einem rein deutschen Deutschland leben? Tristesse und Langeweile würde sich ausbreiten. Denken wir nur an die beliebten zahlreichen italienischen, griechischen und spanischen Restaurants im Land oder an die gut frequentierten Döner-Buden. Maultaschen-Buden werden sich jedenfalls nicht durchsetzen.

Doch dafür ist neben einem respektvollen Umgang untereinander die Anerkennung der Mehrheitskultur als Leitkultur ebenso notwendig, wie eine zahlenmäßige Begrenzung auf ein gesundes Maß. Während sich in den USA alle zugewanderten Kulturen der US-Kultur ganz selbstverständlich zu unterordnen haben und auch Einwanderer gerne die US-Flagge stolz vor ihrem Eigenheim anbringen, wird hierzulande die Debatte um eine deutsche Leitkultur immer noch vielfach als empört zurückgewiesen und auf die angebliche Gleichwertigkeit der verschiedenen Kulturen verwiesen.

Kulturen sind aber eben *nicht* gleichwertig, auch wenn dieser Gedanke für viele unerträglich ist. Diese Nicht-Gleichwertigkeit hat einen klaren geografischen Bezug. Wenn Sie nach Saudi-Arabien auswandern, können Sie als Frau nicht Auto fahren. Wenn sie von der örtlichen Polizei angehalten werden, können Sie nicht, oder jedenfalls nicht wirksam, darauf beharren, dass das in Ihrer Kultur aber eben üblich sei. Das ist zwar grundsätzlich für Deutschland zutreffend, aber in Saudi Arabien hat sich die deutsche Kultur unterzuordnen. Sie ist dort, an Ort und Stelle, der arabischen Kultur gegenüber folglich nicht gleichwertig.

In Deutschland verhält es sich umgekehrt. Wir legen zum Beispiel viel Wert auf Frauenrechte und die Gleichberechtigung der Geschlechter. In unserem Land ist das etwas, dass sich Frauen und fortschrittlich denkende Männer über lange Zeiträume mühsam und etappenweise erkämpft haben. Wenn wir also beobachten, dass hier muslimische Frauen systematisch ausgebremst werden – sei es in der Schule (weniger Bildungserfolg), in der Kleidung (Burka), in der Sexualmoral (hyperkonservativ für die Frau; äußerst liberal für die Männer) oder sonst wo – warum sollten wir das dann als gleichwertig erachten? Nein. In Deutschland erachten wir die Meinungen und Wertmaßstäbe, die diesen Sitten und Gebräuchen implizit sind, *nicht* als gleichwertig. Überhaupt nicht. Und unsere gewählten Vertreter sollten endlich den Mut haben, das auch offen zu auszusprechen.

Und das ist nur ein Beispiel. Der muslimische Ehrbegriff ist ebenfalls ein Problem, davon weiß jeder Polizist, mehr noch aber jede Polizistin, ein Lied zu singen. Wer das bezweifelt, der möge sich einmal mit den Erörterungen von Tanja Kambouri in ihrem Buch *Deutschland im Blaulicht* befassen.

Auch die bekannte antisemitische Gesinnung, die bei muslimischen Einwanderern deutlich überproportional vertreten ist, ist etwas, was wir als Deutsche keinesfalls akzeptieren oder mit Verweis auf die andere Kultur entschuldigen dürfen – nicht umsonst ist Hitlers „Mein Kampf" nach wie vor ein auflagenstarkes Buch in islamischen Ländern.[31]

Es ist, am Rande bemerkt, nicht ohne Ironie wie hier die Medien feinsinnig unterscheiden: Wer immer sich gegen Zuwanderung von Muslimen skeptisch äußert, darf damit rechnen, von Journalisten in einem Atemzug mit Rassisten genannt zu werden. Dass wir uns aber tatsächlich in nicht unerheblicher Zahl echte Rassisten und Antisemiten durch ebenjene Zuwanderung ist Land holen, findet sich allenfalls in Randnotizen.

Auch die BAMF-Geschlechterrollenstudie 2014 warf ein Schlaglicht auf die unterschiedlichen kulturellen Vorstellungen der Zuwanderer gegenüber der Kernbevölkerung. So bejahten zum beispielsweise 74,3 Prozent der Einwanderinnen aus dem Nahen Osten die Aussage: „Die Frau sollte bei der Heirat Jungfrau sein“. Derartige „Keuschheitsnormen“, so die Studie, haben für Menschen aus dem christlichen Kulturkreis so gut wie keine Bedeutung mehr.[32] Wo kulturelle Ansichten derart auseinanderdriften, wird es letztlich auch zu Konflikten in der Familie kommen. Junge Frauen werden, obwohl sie in einem Land mit liberaler Sexualmoral leben, von elterlicher Seite zur Keuschheit erzogen, während die Söhne sich gerne austoben dürfen.

Wer trägt nun die Schuld? Die Schuldfrage ist ohnehin häufig nicht zielführend; wichtig ist letztlich das Ergebnis. Dennoch: Die bisherige Lesart der mit Einwanderungspolitik befassten Politiker, Journalisten und Verbände war stets, dass es „Deutschland nicht gelungen sei“, Integration zu leisten. Das „wir es nicht geschafft hätten“ muslimische Zuwanderer zu integrieren. Auch die Kriminalität ist ein gutes Beispiel. Wann immer der Ruf nach Abschiebung für straffällige Jugendliche laut wird, heißt es von liberaler Seite, das sei ein Fehler – schließlich seien diese Jugendlichen ja in Deutschland aufgewachsen und „wir“ mithin für alles verantwortlich, was im immerhin ja formal deutschen Umfeld dieser Personen schief gelaufen sei.

Nach fünfzig Jahren Integrationsmisserfolg wird es möglicherweise einmal Zeit umzudenken – die bisherigen Dogmen führten bislang nirgendwo hin. Sie führten überspitzt gesagt nur dazu, dass sich die Zuwanderer in ihren Vierteln zurücklehnen und sagen: „Also ehrlich. Diese Deutschen integrieren mich gar nicht richtig".

3 Deutschland am Scheideweg: Was bringen die nächsten 15 Jahre?

Wann immer von Seiten der Forschung oder der Politik versucht wird, die Entwicklung der kommenden Jahre vorauszusagen, so kommt die Trendextrapolation als Prognosetechnik zum Einsatz. Das heißt, man betrachtet mehr oder weniger den Trend der vergangenen Jahre und rechnet diesen hoch. Dadurch lassen sich tatsächlich recht valide und aussagefähige Annahmen für die Zukunft treffen. So lassen sich zum Beispiel Aussagen über die wahrscheinliche Fertilität, also die Fruchtbarkeit der einzelnen Ethnien in Deutschland für die nächsten Jahre treffen.

Der schwierigere und ungenauere Part betrifft die Kombination des Ganzen. Hier wird es spannend. Entscheidend ist ja zum Beispiel noch nicht unbedingt, dass man errechnet, das bis 2030 so und so viele muslimischstämmige Kinder auf deutschem Boden geboren werden und in derselben Zeit ein Rückgang deutschstämmiger Geburten zu erwarten ist. Entscheidend ist vielmehr, was das bedeutet. Und was es im Kontext weiterer gesellschaftlicher Entwicklungen bedeutet. Denn ein Faktor alleine dürfte in der Regel nicht ausreichen, die hiesige Kultur nachhaltig in Gefahr zu bringen. Doch kommen wir zunächst zu den einzelnen Befunden, bevor wir bewerten, was diese in der Gesamtschau vermutlich bedeuten.

I Bevölkerungswachstum: Deutsche vs. Migranten

In der Bundesrepublik Deutschland hatten bereits 2014 – also vor der Flüchtlingskrise – etwas über 20 Prozent der Bevölkerung einen Migrationshintergrund. Wir sind also schon seit langem ein Einwanderungsland. Diese Menschen verteilen sich allerdings sehr ungleich. Während es in Westdeutschland fast jede vierte Person ist, ist es in Ostdeutschland nicht einmal jede Zwanzigste. 61,1 Prozent aller Personen mit Migrationshintergrund lebten 2014 in städtischen, aber nur 12,3 Prozent in ländlichen Regionen.[33]

Von Bundesland zu Bundesland gibt es dabei teilweise erhebliche Schwankungen, wenn man auf den Vergleich zur Gesamtbevölkerung des jeweiligen Bundeslandes abstellt. (Zum Beispiel: Nordrhein-Westfalen (24,8 Prozent); Baden-Württemberg und Bayern (17,7 bzw. 15,7 Prozent); Bremen (28,7 Prozent), Hamburg (28,2 Prozent); Berlin (26,5 Prozent); Hessen (27,6 Prozent)).

Menschen mit Migrationshintergrund wiederum sind zu zwei Dritteln eingewandert, ein Drittel ist hier geboren. Etwa 56 Prozent der Menschen mit Migrationshintergrund sind trotzdem nominell Deutsche, denn sie haben sich einbürgern lassen. Das ist zum Beispiel nicht ganz unwesentlich, wenn man sich die Kriminalitätsstatistik ansieht, bei der Straftaten von Deutschen und Ausländern getrennt ausgewiesen werden. Hier fallen also auch sehr viele Menschen mit Migrationshintergrund auf die deutsche Seite der Statistik, auch wenn sie sich in vielen Fällen gar nicht als solche sehen und den deutschen Pass möglicherweise nur aus praktischen Erwägungen angenommen haben. Die schon zitierte griechischstämmige Polizistin Tanja Kambouri schreibt dazu:

> „*Das damit* (mit dem Pass) *besondere Rechte verbunden sind, wird in der Regel schnell erfasst. Das man sich damit automatisch auch Pflichten ins Haus holt und auch ein Stück Verantwortung für unsere Gesellschaft übernehmen muss, dringt nicht überall durch.*“[34]

Sieht man sich nun die Geburtenraten an, so ist heute schon klar – auch ohne die seitdem eingewanderten und noch einwandernden Flüchtlinge –, dass der Anteil der Migranten weiter steigen wird. Insgesamt hatte in Deutschland 2014 gut ein Drittel aller Kinder unter fünf Jahren einen Migrationshintergrund (34,6 Prozent) – in der Gruppe der 35- bis unter 45-Jährigen lag der entsprechende Anteil im selben Jahr bei 25,9 Prozent und bei den 85- bis unter 95-Jährigen bei nur 6,2 Prozent. Demografisch gesehen haben wir es also mit einem Trend zu tun, der sich bestenfalls – wenn das politisch gewünscht ist – abschwächen lässt; kaum aber umkehren.

Genaue und aktuelle Daten zur Fertilität sind erstaunlich rar, gemessen am öffentlichen Interesse zum Thema, denn das Statistische Bundesamt erfasst die Geburten nicht differenziert nach der Herkunft. Vor wenigen Jahren entfachte der Expolitiker und Autor Thilo Sarrazin mit seinem Sachbuch-Bestseller *Deutschland schafft sich ab* eine lebhafte Debatte, als er auf Grundlage einer zugegeben wackeligen Datenbasis versuchte, die Geburtenraten deutscher Frauen den Geburtenraten muslimischer Migrantinnen gegenüberzustellen und dabei einen langfristigen Trend zuungunsten der deutschen Kernbevölkerung feststellte.

Mit konkreten Zahlen zu hantieren ist seit der Flüchtlingskrise noch einmal deutlich schwerer geworden. Es lässt sich nur bedingt vorhersagen, wie die Fertilität dieser Menschen sein wird und wie viele Familienangehörige nun konkret wann nachgezogen werden. Was lässt sich also aus einer Meta-Sicht aus all dem ableiten, ohne dass man versucht, mit konkreten jahresbezogenen Kennzahlen irgendeine Scheingenauigkeit zu erzeugen?

Was wir wissen: Tatsächlich ist der Anteil neugeborener Kinder bei bildungsfernen Schichten messbar höher als bei gebildeteren Schichten. Und Migranten wiederum sind bei bildungsfernen Schichten überrepräsentiert. Messbar ist aber auch, dass sich das Geburtenverhalten der Migrantenfamilien tendenziell dem deutschen Geburtenverhalten annähert, wenn diese Menschen lange genug im Land sind. Viel unwägbarer ist, wie die neu angekommenen Flüchtlinge von 2015 und 2016 die Lage ändern. Wie viele nun genau gekommen sind ist offenbar schon schwer zu erfassen; in welchem Umfang Familiennachzug gewährt wird, ist wiederum eine Frage der politischen Willensbildung und steht zurzeit nicht eindeutig fest.

Nicht ganz unwahrscheinlich ist folgendes Szenario: Die Mitglieder der Großen Koalition geben sich einsilbig und deuten eine harte Haltung an – bis zur Bundestagswahl. Nach der Wahl wird dann unter Verweis auf die soziale und rechtliche Situation eingeräumt, dass man leider doch in viel größerem Umfang Familiennachzug gestatten muss, als zuvor gedacht.

Die Geburtenrate der dann insgesamt hier ankommenden Asylsuchenden und ihrer nachgekommenen Familien für die nächsten Jahrzehnte berechnen zu wollen, dürfte demnach also gegenwärtig bestenfalls zu wenig belastbaren Zahlen führen.

Ist eine schonungslose Datenbasis überhaupt gewünscht? Schon vor der Flüchtlingskrise, also zu Zeiten, als die Debatte noch weitaus weniger aufgeregt geführt wurde als im Moment, taten sich die Statistiker schwer. Zum Beispiel hält das Statistische Bundesamt umfangreiche Daten zur Prognose der Bevölkerung bereit. So unter anderem eine aufwendig animierte Grafik und umfängliche Berichte zum Thema.[35] Doch auffällig ist: Altersgruppen werden zwar sehr detailliert einander gegenübergestellt und differenziert. Auch eine Differenzierung nach Geschlecht wird angegeben. Eine Differenzierung nach Herkunft jedoch, die es erlauben würde, unmittelbar den Rückgang der deutschstämmigen Bevölkerung ins Verhältnis zum Aufstieg der geburtenfreudigen Gruppe muslimischer Migranten zu setzen, fehlt auffallend. Ganz offenkundig ist es nicht gewünscht, dass die Bevölkerung hier ihre Schlüsse zieht.

International sind Forscher weniger zurückhaltend: Weltweit, so dass renommierte PEW-Institut in Washington, werde es 2070 wohl erstmals mehr Muslime auf der Welt geben als Christen.[36] Heute liegen Christen nach ihrer Anzahl von etwa 2,26 Milliarden Gläubigen vor den Anhängern des Islam mit etwa 1,57 Milliarden. Der Hinduismus liegt mit 900 Millionen abgeschlagen auf dem dritten Platz. Die rückläufige Geburtenrate bei christlichen Familien und die weiterhin ausgeprägten Geburtenraten bei islamischen Familien werden aber schon *in wenigen Jahrzehnten* dafür sorgen, dass der Islam nach Anzahl der Gläubigen die weltweit führende Religionsgemeinschaft sein wird.[37] Es gehört wenig Fantasie dazu, sich auszumalen, zu welchen Höhenflügen sich islamische Vertreter allerorten durch eine solche Vormachtstellung berechtigt sehen.

Doch zurück zu Deutschland: Was zur Verfügung steht und hier hilfsweise herangezogen wird, sind Einzelergebnisse. So fand etwa die CDU-nahe Konrad-Adenauer-Stiftung unlängst heraus, dass die Anzahl der Muslime im Land durch die Flüchtlingskrise ad hoc um 25 Prozent (!) gestiegen sei und prophezeite, dass Europas „größte muslimische Gemeinde“ künftig in Deutschland beheimatet sein könnte[38] – bislang war das Frankreich. Auch strukturell werden Verschiebungen anstehen: Während bislang 63 Prozent der Muslime in Deutschland dem türkisch geprägten Islam angehörten, wird wohl künftig der arabisch geprägte Islam die Mehrheit stellen.

Wissenschaftler kamen noch unter alten Vorzeichen zu dem Schluss, dass für 2030 etwa sieben Millionen Muslime in Deutschland beheimatet wären; so etwa Forscher der Uni Tübingen.[39] In großen und mittleren Städten würden Muslime bis zu einem Drittel der Einwohnerschaft stellen. Durch den Zustrom in Folge der Flüchtlingskrise verschärft sich der Trend noch einmal deutlich.

Für die deutschstämmige Bevölkerung wird, wie auch für andere westliche Industrienationen, zugleich eine Schrumpfung vorhergesagt, was den Islam weltweit und in Deutschland zum Gewinner des demografischen Wandels macht.

II Der schlafende Riese erwacht – die ersten muslimischen Parteien

Am 5. Mai 2016 rieben sich viele Menschen in ganz Europa verwundert die Augen, als Sadiq Khan, ein sunnitischer Muslim, die Bürgermeisterwahl in der britischen Hauptstadt London für sich entschied. Khan, der aus einer Familie pakistanischer Einwohner stammt, war zuvor vom britischen Premier vorgeworfen worden, er grenze sich nicht ausreichend von der Terrororganisation Islamischer Staat (IS) ab und er sei mehrfach mit einem Imam und angeblichen IS-Unterstützer aufgetreten.

Wie kann es sein, dass ein Muslim Bürgermeister der größten Stadt des Kontinents wird? In London selbst wird das mit wenig Aufregung hingenommen – schließlich sind dort mehr als die Hälfte der Bevölkerung sogenannte „Nicht-weiße Briten". Anders formuliert: Die neue Mehrheit hat einfach einen der ihren zum Bürgermeister gewählt.[40]

Nüchtern betrachtet ist davon auszugehen, dass solche Wahlerfolge in einigen Jahren nicht mehr außergewöhnlich sein werden. Auch in Deutschland gibt es heute bereits in den großen Städten einen hohen bis sehr hohen Ausländeranteil. In Berlin und Hamburg hatten mit Stand 2011 bereits über 25 Prozent der Bevölkerung einen Migrationsanteil, München hatte 36 Prozent und Frankfurt 43 Prozent. Stuttgart und Nürnberg lagen mit 38 Prozent bzw. 37 Prozent ebenfalls weit vorne. Durch die Flüchtlingskrise dürfte die symbolische 50-Prozent-Marke nun deutlich näher gerückt sein. Wieso sollte es dann noch einen deutschen Bürgermeister geben?

Interessant ist der zeitliche Trend: Frankfurt hatte zum Beispiel gegenüber 2005, also in einem Zeitraum von gerade mal 6 Jahren einen Zuwachs von 38 Prozent auf die genannten 43 Prozent zu verzeichnen. In Duisburg stieg im selben Zeitraum der Anteil von 25 Prozent auf 28 Prozent und die Hauptstadt hatte einen Zuwachs von 3 Prozent. Das zeigt deutlich, wie viel sich demografisch in wenigen Jahren verschieben kann. Zugleich werden sich muslimische Politiker in hohe Parteiämter wählen lassen und nach und nach auch wichtige staatliche Positionen bekleiden.

Mit dem Aufstieg und der damit einhergehenden öffentlichen Sichtbarkeit einzelner wichtiger Muslime aber, und das ist keine besonders gewagte These, wird die muslimische Gemeinde auch insgesamt sehr viel selbstbewusster ihre politischen Interessen artikulieren wollen. Millionen Muslime im Land verfügen heute noch über keine eigenen Vertreter in den Parlamenten. Eine neue Partei, aus dem Stand heraus erfolgreich und prophetengrün, ist vor diesem Hintergrund nur eine Frage der Zeit.

Ist das überhaupt von Belang? Angenommen eine muslimische Partei erzielt, sehr konservativ gerechnet, 10 Prozent der Bundestagsmandate. Verändert eine solche Partei überhaupt etwas im Gefüge der heute etablierten Parteien?

Allerdings. Die Vergangenheit hat immer wieder gezeigt, dass auch kleine Parteien großen Einfluss ausüben können, sobald sie sich einmal formiert haben. Das zeigten in der Vergangenheit zum Beispiel die Grünen und die Liberalen. Als Zünglein an der Waage sind die „Kleinen“ im Zweifel wichtig zur Regierungsbildung und werden von den Großen entsprechend hofiert: Plötzlich darf auch eine Partei, die eigentlich nur von einer kleinen Minderheit tatsächlich gewählt wurde, wichtige

Ministerposten und sogar den Vizekanzler stellen, bestimmt bei den Koalitionsverhandlungen den strategischen Kurs des Landes für die nächsten Jahre mit und ist allerorten medial präsent.

Auch das Verhalten der sogenannten etablierten Parteien ist schon heute völlig berechenbar: Erst wird abgewehrt und man grenzt sich zur neuen prophetengrünen Partei ab. Dann gibt es erste Koalitionen auf Landesebene um zu testen, wie das Volk reagiert. Dann der große Durchbruch: Die Partei, dessen ehemaliger Bundespräsident einst schon die mehr als zweifelhafte Aussage postulierte, wonach der „Islam zu Deutschland" gehöre, wird eine Koalition eingehen.

Der Historiker Michael Wolffsohn äußerte sich gegenüber der BILD-Zeitung zuversichtlich, dass diese Parteiengründung bevorstehe: Das ließe sich aus der allgemeinen Parteiengeschichte ableiten und sei bei Millionen Muslimen notwendig für den inneren Frieden. Bei allen bedeutenden Parteiengründungen gingen der Gründung jeweils gesellschaftlich-wirtschaftlich-kulturelle Umbrüche und Bedürfnisse voraus. Insofern ist die Flüchtlingskrise also die historische Steilvorlage für die Gründung einer muslimischen Partei.[41]

Auch sein Forscher-Kollege Jürgen Falter, Leiter des Instituts für Politikwissenschaft in Mainz, sieht mit Blick auf den Flüchtlingszustrom eine gute Chance, dass eine muslimische Partei in Deutschland entstehen wird. Seine Prognose: Die Flüchtlinge werden sich an der Wahlurne keineswegs bei Merkels CDU dankbar zeigen, sondern einer eigenen Partei den Vorzug geben.[42]

Zu dieser Prognose ist selbstverständlich keine hellseherische Begabung notwendig. Natürlich werden die Muslime keine christliche Frau wählen, wenn sie auch einen muslimischen Mann wählen können.

Das bis 2030 eine muslimische Partei das Licht der Welt erblickt und schnell erste Erfolge feiert, darf nach alldem also als einigermaßen gesichert gelten. Wirkliche Zukunftsmusik ist das schon heute nicht mehr; erste Strukturen gibt es bereits: So ist seit einigen Jahren ein Ableger der Partei des türkischen Präsidenten Erdogan, der AKP, in Deutschland aktiv.

Diese *Union Europäisch-Türkischer Demokraten (UETD)* soll im politischen und sozialen Bereich Lobbyarbeit betreiben. Gegenwärtig scheint die Hauptaufgabe des Vereins noch darin zu bestehen, rechtzeitig zu öffentlichen Erdogan-Auftritten in Deutschland die obligatorischen Jubel-Türken bereitzustellen, langfristig sollen landesweit dutzende Ortsvereine gegründet werden.[43] Ob die UETD das Potenzial hat, Millionen Migranten hinter sich zu versammeln, ist allerdings noch unklar. Zwar stellten türkische Muslime bislang die muslimische Mehrheit im Land, doch mit dem Zuzug der Muslime aus Syrien, Nordafrika und Afghanistan wird sich das ändern. Aus der Perspektive der Neuankömmlinge ist die türkische Variante ihres Glaubens möglicherweise zu zahm.

Neben der *UETD* gibt es natürlich noch mehrere hundert weitere muslimische und/oder türkische Verbände und Organisationen im Land. Das diese organisiert auftreten können und keine Scheu haben, durchaus auch aggressiv aufzutreten, zeigte die Armenien-Resolution des Deutschen Bundestages im Juni 2016. Die Tatsache, dass das Osmanische Reich im ersten Weltkrieg einen Völkermord an den bis zu 1,5 Millionen Armeniern und Angehörigen anderer christlichen Minderheiten verübt hat, wird weltweit anerkannt, nur die Türkei als Rechtsnachfolgerin des

Osmanischen Reiches streitet den Umfang und die Klassifizierung als Genozid wütend ab.

Erdogans Türkei kritisiert jede ausländische Regierung, die hier deutliche Worte findet. Der türkische Botschafter in Deutschland wurde als Reaktion auf die verabschiedete Resolution (Siehe Anhang) am 2. Juni 2016 zeitweilig aus Berlin zurückbeordert, während der deutsche Vertreter in der Türkei zum Gespräch einbestellt wurde.

Die Anerkennung des Genozids sei, so heißt es aus Ankara, „null und nichtig", außerdem ein „historischer Fehler" auf der Grundlage von Fehlinformationen." *Wer Kritik übel nimmt, hat etwas zu verbergen*", meinte einst Helmut Schmidt. Im Falle der Türkei mag der Grund für die Aufregung simpler sein: Der Sultan aus Ankara ist es einfach nicht mehr gewohnt, Kritik entgegen zu nehmen.

In Deutschland haben Presseberichten zufolge mehr als 500 türkische Organisationen unter Federführung der *Türkischen Gemeinde Berlin* ein Standard-Protestschreiben bereitgestellt, das die Türken hierzulande dann im Vorfeld der Bundestagsresolution an Politiker versenden sollten.[44]

Tausende Mails und Briefe gingen bei den Mandatsträgern ein, in denen davor gewarnt wurde, eine solche Resolution sei „*Gift für das friedvolle Zusammenleben zwischen Deutschen und Türken hierzulande*". Dabei blieb es jedoch nicht. Alle Bundestagsfraktionen berichteten dem Vernehmen nach, dass auch Droh- und Schmähbriefe eingegangen seien. Auch Journalisten erhielten Drohbriefe, einfach weil sie offen von einem Genozid berichteten.

Es bleibt demnach abzuwarten, ob die vergleichsweise gesittete und zurückhaltende Diskussionskultur in deutschen Parlamenten noch Bestand hat, wenn sich eine muslimische Partei hinzugesellt – die Medien berichteten zuletzt wieder häufiger von Faustkämpfen und Wurfgeschossen im türkischen Parlament. Wer die Muße hat, kann sich entsprechende Aufnahmen bei YouTube ansehen, wo gewählte türkische Abgeordnete mit Anlauf von Tischen aus in die Reihen der gegnerischen Abgeordneten springen.

Das Beispiel des muslimischen Bürgermeisters aus London macht zugleich deutlich, wie eine solche Machtübernahme in der Praxis aussehen kann. Es war schließlich kein radikaler Imam in wehenden Gewändern, der da um die Gunst seiner Londoner Mitbürger warb. Politik wird mit Bildern gemacht und der smarte Jurist trat einfach vornehmer, weltgewandter und präsidialer auf, als es seine Mitbewerber vermochten. Seinen Sieg verdankt er indirekt so auch der Schwäche und dem blassen Auftreten der anderen Kandidaten. Wer auch nur einen flüchtigen Blick auf das farblose und austauschbare Personal unserer heutigen Parteien quer durch die Politik wirft, wird kaum ernsthaft vertreten wollen, dass eine solche Konstellation bei uns unmöglich wäre.

Diese dauerhafte Formierung islamischer Interessen von innen heraus, durch Bevölkerungswachstum, neugegründete Parteien und muslimische Politiker, ist jedoch nicht der einzige Faktor, der eine nachhaltige Verschiebung unseres Landes hin zum Islam bewirkt. Mit erheblichen personellen und finanziellen Ressourcen sichern sich auch islamische Staaten mehr und mehr strukturellen Einfluss in der Bundesrepublik.

III Einflussnahme muslimischer Staaten auf die Bundesrepublik

Welchen Weg wählen arabische und muslimische staatliche beziehungsweise halbstaatliche Institutionen, um in Deutschland Einfluss zu nehmen? Auffällig ist die Moscheenfinanzierung durch Saudi-Arabien. Das Land mag so gut wie gar nichts getan haben, um den muslimischen Glaubensbrüdern aus Syrien, Afghanistan und Nordafrika zu helfen – weder wurden nennenswerte Geldbeträge bereitgestellt noch wurden die Grenzen geöffnet wie in der geografisch viel weiter entfernten Bundesrepublik. Doch geben die Saudis natürlich gerne ihre Petrodollars aus, um den muslimischen Glauben in der Bundesrepublik zu fördern.

Auch die Türkei mischt mit. Koordiniert durch ein eigenes Ministerium werden in großem Umfang Imame nach Deutschland entsandt. Die muslimischen Geistlichen üben traditionell großen Einfluss aus und sind aus politischer Sicht Multiplikatoren. Wer die Imame steuert, der nimmt über diesen Weg auch insgesamt Einfluss auf die türkisch-muslimische Gemeinde im Land.

Das Erdogans Partei mit der *UETD* auch Ableger in Deutschland fördert, ist da der vergleichsweise harmlosere Akt – und doch muss man sich nur einmal fragen, ob die Türkei es hinnehmen würde, wenn die CDU oder die SPD sich umgekehrt anschickten, in ähnlicher Weise Einfluss auf die Geschicke der Türkei nehmen zu wollen. Der deutsche Botschafter wurde dort schon für weit weniger einbestellt und Erdogans Türkei würde derlei Ansinnen empört zurückweisen.

Öl-Staaten und die Moscheenfinanzierung

Ein kleines Gedankenexperiment:

Stellen Sie sich vor, in der Schweiz ist Krieg. Der Bevölkerung geht es schlecht. Wer noch ausreichend gut zu Fuß ist, packt seine Habseligkeiten zusammen und flüchtet vor dem Mörser- und Kanonenhagel. Aber nicht nach Deutschland. Wir schließen die Grenzen ohne besondere Begründung und verweisen Millionen Flüchtlinge, die uns eigentlich kulturell nahestehen und mehrheitlich dem Christentum angehören, auf weit entfernt liegende Kulturen wie Saudi Arabien und Katar.

Das liegt zwar nicht gerade um die Ecke und kulturell passen Schweizer eigentlich auch nicht zu den Menschen dort, aber das ist weiter nicht schlimm: Schleuserbanden sorgen für die Überfahrt und ein gewisser Prozentsatz ertrinkt eben im Mittelmeer. Das nehmen wir so hin.

Nachdem Millionen Schweizer in Saudi Arabien und anderen Golfstaaten angekommen sind, bieten wir nun aber doch großzügige Hilfe an. Natürlich nehmen wir weiterhin keine Flüchtlinge auf – wo käme man da hin. Doch wir bieten an, im großen Stil christliche Kirchen in Saudi-Arabien zu bauen. Damit unsere Glaubensbrüder auch ungestört ihre Religion ausüben können und sich nebenbei unsere Kultur dort ausbreitet.

Klingt das absurd? Wie aus einem sozial-utopischen Roman eines depressiven Autors? Das mag sein und doch hat das so stattgefunden: Mit umgekehrten Vorzeichen.

Man sagt, dass sich der wahre Wert einer Freundschaft in der Krise zeigt und vielleicht gilt das auch für die religiöse Verbundenheit. Was sind „Glaubensbrüder" schließlich wert, wenn sie in der Krise nicht beispringen? Die Flüchtlingskrise 2015/2016 war eine solche Gelegenheit für die islamische Welt, ihren Glaubensbrüdern beizustehen.

Sie tat das auf sehr differenzierte Weise, wie ein Bericht von Amnesty International zeigt: Der Libanon hat mehr als eine Million Syrer aufgenommen, obwohl das Land selbst sehr arm ist und bereits unter erheblichen interreligiösen Spannungen leidet. Auch die Türkei hat fast zwei Millionen Syrern Unterschlupf gewährt. Und selbst der Irak, der selbst von bürgerkriegsartigen Unruhen belastet ist, nahm rund eine viertel Million Syrer auf.[45]

Und die reichen, muslimischen Öl-Staaten der Region? Katar, die VAE, Kuweit, Oman und Bahrain weigerten sich kategorisch. Wie sieht es mit Saudi-Arabien aus? Dem Land, das mit Mekka und Medina zwei der heiligsten Stätten des Islam beherbergt? Ebenfalls Fehlanzeige. Da wurde eher in Kauf genommen, dass sich Millionen muslimische Flüchtlinge aus Nordafrika, Syrien und Afghanistan auf den Weg nach Europa machten und dort von den „Ungläubigen" aufgenommen wurden.

Es ist aber natürlich nicht so, dass man *gar nichts* machen wollte. Schließlich hat man Geld. Im Spätsommer 2015 vermeldete die libanesische Zeitung „Al-Diyar", das seine Exzellenz, der König von Saudi-Arabien, der sich auch mit dem Titel „Hüter der beiden heiligen Stätten des Islam" anreden lässt, Gelder für den Bau von 200 Moscheen in Deutschland bereitstellen möchte.

Soll schließlich keiner sagen, man hilft nicht!

Das war dann selbst für die notorisch zurückhaltende deutsche Politik zu viel. Erbost meldeten sich Politiker aller Parteien zu Wort und wiesen das Ansinnen brüsk ab. *"Statt darüber nachzudenken, in Deutschland Moscheen zu finanzieren, sollte Saudi-Arabien lieber Flüchtlinge aufnehmen und die Finanzierung des IS einstellen"*, lies sich etwa der CSU-Vertreter Laschet vernehmen. Auch der SPD-Vorturner Gabriel gab sich gereizt.

Von dem Gegenwind überrascht, lies das Königreich sofort dementieren. Nun wollte man von einer Moscheenfinanzierung nichts wissen: "*Derartige bewusst lancierten Meldungen schaffen ein Klima des Hasses gegenüber dem Königreich Saudi-Arabien. Dafür darf es keinen Raum geben"*, teilte die saudische Botschaft in Berlin mit.

Also völlig zu Unrecht verdächtigt? Es ist nicht das erste Mal, das Saudis in den Verdacht geraten, muslimische Politik im Ausland mit dem Scheckbuch betreiben zu wollen. So wird dem Land schon längere Zeit vorgeworfen, weltweit wahhabitische Moscheen zu finanzieren. Aus diesen Gemeinden, so behauptete SPD-Chef Sigmar Gabriel Ende 2014 öffentlich, kämen „*viele islamistische Gefährder*". Der Wahhabismus liefere zudem die komplette Ideologie für die Terrormiliz *Islamischer Staat* (IS) und trage zur Radikalisierung bei. Für Saudi-Arabien ist das natürlich kein Kompliment: Der Islam in seiner sunnitisch-wahhabitischen Ausprägung ist dort offizielle Staatsreligion.[46]

Immer wieder laden sich deutsche Moscheen auch extrem radikale und anti-demokratische Wander-Imame aus Saudi-Arabien ein, die hierzulande begeistert empfangen werden wie Popstars. In Hinterhofmoscheen werden dann vorsintflutlichen Ansichten zu Homosexualität, Frauen, Juden und dem westlichen Leben im Allgemeinen ins Mikrofon geblasen. Mit diesen kruden Botschaften wandern die Imame dann auf ihrer Tournee von Moschee zu Moschee.

Hier bietet sich ein kurzer Einschub zur Finanzierung von Extremisten an: Der Inlandsgeheimdienst geht nämlich davon aus, dass die Imame bei diesen Reisen mitunter Bargeldbestände aus Saudi-Arabien mit ins Land bringen und so die Salafistenszene finanziell stützen.[47]

Doch nicht nur Saudis, sondern auch andere islamische Golfstaaten wie Kuweit und Katar werden von westlichen Geheimdiensten verdächtigt, den *Islamischen Staat (IS)* direkt oder indirekt zu unterstützen. Dabei geht es häufig weniger um direkte staatliche Organe selbst, sondern um reiche Privatleute, salafistische „Stiftungen" und Moscheenvereine aus diesen Regionen, die mit Billigung des Landes, von dem sie aus operieren, handeln.

Auch die Türkei wird im Übrigen dafür kritisiert, billiges Öl von *IS*-kontrollierten Förderregionen zu kaufen. Einem Bericht des Politik-Magazins Cicero zufolge rudert Saudi-Arabien nun zurück: Schon lange schwellt dort der Konflikt zwischen ultra-religiösen Imamen und dem saudischen Königshaus, dessen Angehörige ein durchaus westliches Leben führen. Nun hat man offenbar Angst, der Funke könnte übergreifen und der *Islamische Staat* wendet sein blutiges Schwert gegen den Monarchen des Hauses Saud.[48]

Am türkischen Wesen soll Deutschland genesen

Wer wissen möchte, was der gegenwärtige türkische Staats- und Regierungschef von der Integration der Muslime hierzulande hält, braucht dazu weder ausgefeilte Analysen von Think Tanks noch Abhörprotokolle von Geheimdiensten. Nein – Herr Erdogan äußert seine Vorstellungen gerne öffentlich und als Gast auf deutschem Boden. „*Assimilierung ist ein Verbrechen gegen die Menschlichkeit*“, äußerte er beispielsweise 2010 in Köln vor seinen Anhängern und weiter: „*Man kann von Euch nicht erwarten, Euch zu assimilieren*“.

Assimilation bezeichnet im gesellschaftspolitischen Kontext die Angleichung verschiedener gesellschaftlicher Gruppen. Sie ist ein Prozess des Kulturwandels, der üblicherweise nicht auf Augenhöhe geschieht, sondern die Minderheit übernimmt die Kultur der Mehrheitsgesellschaft, also zum Beispiel die Sprache, die Sitten und Gebräuche. Mithin ist Assimilation nichts, was eine gastfreundlich aufnehmende Gesellschaft nicht von Einwanderern erwarten dürfte. Als wahrscheinlich darf wohl gelten, dass sich Menschen, die dauerhaft in muslimische Länder einwandern, dort sehr wohl zu assimilieren haben. Das gilt auch für die Türkei, jedenfalls wenn man Armenier und Kurden fragt.

War die Aussage dann möglicherweise ein Ausrutscher? Ein aus dem Kontext gerissenes Zitat eines ansonsten besonnenen Spitzenpolitikers? Im November 2011 legte er nach, und beklagte sich über die deutsche Forderung, wonach Einwanderer vor ihrem Zuzug nach Deutschland Deutsch zu lernen hätten. Dies sei ein „Verstoß gegen die Menschenrechte“.[49] Ein Verbrechen gegen die Menschlichkeit sei darüber hinaus auch der Zionismus.

Verschiedene Aussagen des Türken-Sultans in verschiedenen Kontexten über Jahre hinweg ergeben ein stimmiges Bild. Man hat Deutschland in der Kaiserzeit für den arroganten Ausspruch „*Am deutschen Wesen soll die Welt genesen*“, der auf ein Gedicht von Emanuel Geibels zurückgeht, zu Recht kritisiert. Doch Erdogan klingt nicht weniger arrogant, wenn er sagt: „*Wir müssen die europäische Kultur mit der türkischen impfen*“.

Wes' Geistes Kind Erdogan ist, wollten türkische Richter 1998 auch in einem *Gölalp*-Gedicht erkannt haben, welches er damals bei einer Wahlkampfveranstaltung zitierte: „*Die Demokratie ist nur der Zug, auf den wir aufsteigen, bis wir am Ziel sind. Die Moscheen sind unsere Kasernen, die Minarette unsere Bajonette, die Kuppeln unsere Helme und die Gläubigen unsere Soldaten*“. Als Reaktion verurteilten sie den damaligen Bürgermeister von Istanbul wegen „religiöser Aufhetzung des Volkes“ zu einer Gefängnisstrafe. Erdogan indes hat stets beteuert, falsch verstanden worden zu sein.[50]

Soweit also zur Gesinnung des türkischen Staatsoberhauptes. Welche Pläne hat der Sultan für Deutschland? Gestatten wir uns vorweg ein weiteres Gedankenexperiment:

> *Millionen Deutsche sind in der Türkei auf der Suche nach wirtschaftlicher Prosperität freundlich aufgenommen worden. Sie dürfen dort frei ihren Glauben entfalten und eigene Kirchen bauen. Es interessiert den türkischen Staat überhaupt nicht, dass in einigen Städten bereits mehr christliche Kirchen stehen als Moscheen. Vorsichtshalber, um keine Unruhe unter den Türken zu schüren, werden die genauen Zahlen gar nicht erst erhoben.*

Von Zeit zu Zeit reist die deutsche Bundeskanzlerin in die Türkei, mietet dort Messehallen an und erklärt den dortigen Deutschen, sie sollen erst mal Deutsch lernen, Türkisch gerne mal irgendwann nachgeordnet. Bei jedem Auftritt dankt sie wiederholt Jesus Christus für seine Großzügigkeit, appelliert an die Kraft des gemeinsamen Glaubens und fordert die Deutschen auf, von der Türkei aus an Großdeutschland mitzubauen.

Doch sie redet nicht nur, sie stellt auch Geld bereit. Mit einer großzügig ausgestatteten Religionsbehörde stützt sie finanziell tausende Kirchen im Ausland und schickt gut 1.000 ausschließlich deutsch sprechende Priester direkt in die Türkei. Über eine verschachtelte Konstruktion aus Abhängigkeiten, Behörden und Vereine errichtet sie so ein Konstrukt, mit dessen Hilfe sie großdeutsche Interessen in der Türkei verfolgen kann. Die CDU mischt mit und in türkischen Kirchen wird bei der Bundestagswahl auch schon mal für die Kanzlerin geworben. Das auch der ein oder andere Hassprediger dabei ist, der mitunter den Märtyrertod verherrlicht, wird billigend in Kauf genommen.

Die türkischen Geheimdienste und der Staatsschutz sehen nicht so genau hin und vermeiden eine Überwachung, um politische Auseinandersetzungen mit Merkel-Deutschland zu vermeiden.

Absurd? Bestimmt. Aber nichts ist weniger absurd als die deutsch-türkisch-muslimische Realität hierzulande und so wird es niemanden verwundern, dass die eben beschriebenen Zustände durchaus realistisch sind. Allerdings wiederum mit umgekehrtem Vorzeichen.

Wie viele Moscheen gibt es gegenwärtig in Deutschland? Darüber gibt es tatsächlich keine verlässlichen Zahlen. In einem Land, welches mit seinem Statistischen Bundesamt ansonsten alles und jedes erfasst, wird ausgerechnet diese Information nicht erhoben. Man muss wahrlich kein Verschwörungstheoretiker sein, um dahinter Kalkül zu vermuten. Das Volk soll wohl nicht aufgebracht werden. Auch das ansonsten allwissende Wikipedia ist nicht viel schlauer sondern spricht nur von hunderten Moscheen, tausenden Bethäusern, und „ungezählten" Hinterhofmoscheen in der Bundesrepublik.

Vielsagend ist allerdings eine Erhebung aus Hamburg im Jahre 2015. In dem Stadtstaat gab es zu dem Zeitpunkt 50 Moscheen. Zum Vergleich: Es gab nur 42 katholische Kirchen. Reicht das dann wenigstens für die nächsten 100 Jahre? Offenbar nicht. Die ZEIT interviewte in ihrem *Hamburg Newsletter* vom 25. Mai 2016 den deutschen Architekten Joachim Reinig, der an einer entsprechenden Studie mitgewirkt hat und noch mehr Moscheen forderte. *„Es fehlen vor allem Stadtteilmoscheen im Osten und Süden der Stadt"*. Und weiter: *„Vielen Muslimen ist vor allem eines wichtig: Sie wollen sichtbar werden im Stadtbild."*[51]

In deutschen Moscheen predigen derzeit annähernd 1.000 Imame, die offiziell von der türkischen Religionsbehörde entsandt worden sind; einer Behörde mit einem schnell wachsenden und milliardenschweren Budget, die direkt beim türkischen Ministerpräsidenten angesiedelt ist. Damit baut und unterhält die 120.000 Mitarbeiter umfassende Behörde Moscheen, auch im Ausland und finanziert das Vorbeter-Personal.[52]

Wenn deutsche Sicherheitskreise die türkischen Großmachtambitionen bewerten möchten, sollten sie Mitarbeiter zu den Veranstaltungen schicken, die der türkische Regierungschef frecherweise hierzulande abhält. In Karlsruhe zum Beispiel forderte er die Türken im Mai 2015 auf, "Eintracht" zu wahren, um die "neue Türkei" mit "globaler Macht" aufzubauen. Es sei auch wichtiger, zuerst die türkische Sprache zu lernen. Deutsch oder Englisch sei nachgeordnet. „Unsere Religion ist alles“, verkündete er und lobte während der Veranstaltung fünfzehnmal Allah.

„Seine Türken“, das merkt man deutlich, sind nicht nur die Türken der Türkei sondern die Türken überall. Deutschland mit der größten türkischen Gemeinde außerhalb der Türkei dürfte da eine besondere strategische Bedeutung in den Allmachtsfantasien des ultra-autoritären Staatschefs haben.

Auch hier war wieder die Vorfeldorganisation der Regierungspartei AKP, die UETD mit von der Partie und organisierte Jubel-Türken in hinreichender Menge.

Wie funktioniert die Einflussnahme des türkischen Staates auf die Moscheen logistisch? Zunächst mal werden Imame entsandt, die kein Deutsch sprechen und damit kaum hiesige Einflüsse und Bedürfnisse in ihre Predigten einfließen lassen können. Selbst wenn sie das wollten. Werden sich die Imame gegen türkische Interessen äußern? *Wes' Brot ich eß, deß' Lied ich sing*, lautet dazu eine deutsche Volksweisheit, die wohl immer Gültigkeit haben wird.

Organisiert wird alles über den Dachverband Ditib, ein Vehikel, welches nach Medienberichten weitgehend von der Türkei gesteuert wird, wenngleich der Verband das bestreitet. Die Vorstandsmitglieder der Organisation schlagen einen Beirat vor, dem der Präsident der türkischen Religionsbehörde vorsitzt und dem die Religions-Attachés der türkischen Konsulate angehören. Das statistische Bundesamt mag die genaue Anzahl der

Moscheen in Deutschland nicht kennen. Vielleicht sollte man um Amtshilfe bei der türkischen Religionsbehörde ersuchen – diese hat sicherlich einen guten Überblick über die Moscheen im Land.

Die türkischen Vorbeter vertreten einen orthodox-sunnitischen Islam. Experten schreiben ihnen ein konservatives Religionsverständnis zu, das vom Islam des 7. Jahrhunderts geprägt sei. Ihnen wird vorgeworfen, einen Absolutheitsanspruch zu vertreten, das Märtyrertum zu preisen und vereinzelt auch Antisemitismus zu schüren. All das kann ein fruchtbarer Nährboden für islamistische Tendenzen sein.

Bei der sogenannten „Wolfsburger IS-Gruppe“ etwa fand die Polizei Abdrucke einer Predigt aus einer Berliner Ditib-Moschee, die dem Ansehen des Märtyrertodes huldigt. "*Selbst die Paradiesbewohner*“, heißt es da, *„blicken mit wohlwollendem Neid auf den Rang derer, die ihr Leben für Allah ließen*." Es muss noch einmal gesagt werden: All das findet auf deutschen Boden statt. Mitten in Europa. Es ist ein Skandal ohne Drama, denn wir sind als Deutsche lethargisch geworden und haben uns an den eigentlich unmöglichen Zustand längst gewöhnt.

Unsere Inlandsgeheimdienste überwachen die Aktivitäten in Ditib-Moscheen angeblich nicht, diese seien aus „politischen Gründen tabu“, wie die *Welt* recherchiert hat. Kann das war sein? Sollten nationale Sicherheitsinteressen nicht vor diplomatischen Befindlichkeiten stehen?[53]

Einen ganz anderen und beneidenswert konsequenten Weg geht Österreich. Das Land hat ein neues Islamgesetz verabschieden und auf dieser Grundlage damit begonnen, dutzende türkische Vorbeter faktisch auszuweisen.[54] Ihr Visum wird einfach nicht verlängert und Wien schickt die unmissverständliche Botschaft nach Ankara, dass man dessen Export-Prediger im Land nicht möchte.

Es ist die gleiche klare und die nationalen Interessen wahrende Haltung, die die österreichische Regierung auch schon in der Flüchtlingskrise positiv von Deutschland abhob. Erst kommen nationale österreichische Interessen; dann – klar nachgeordnet – die Interessen Europas. Die Bedürfnisse der Angehörigen völlig anderer Kulturen kommen zu Schluss. Es ist im Grunde schlicht die diametral entgegengesetzte Prioritätensetzung, die wir von der deutschen Regierung kennen.

Auch Dänemark verweigert ausländischen Hasspredigern die Einreise und setzt europäische Hassprediger auf eine besondere Beobachtungsliste.[55]

Wenn wir die obigen Erkenntnisse zusammenfassen, so kommt im Falle der Türkei zweierlei zusammen: Die nachhaltig aufgebaute strukturelle Fähigkeit, von der Türkei aus auf Deutschland Einfluss zu nehmen und der mutmaßliche politische Wille, dies auch bei Bedarf zu nutzen. Wenn sich in Deutschland dereinst eine hinreichend große muslimische Gemeinschaft parteipolitisch formiert hat und damit beginnt, dem Land seinen Stempel aufzudrücken, so wird sie dabei mit Sicherheit auch auf türkische Unterstützung setzen können.

Arabische Staatsfonds und die deutsche Wirtschaft

Über das Obige mag schon viel weniger gesprochen werden, als es dem Sachverhalt eigentlich gebührt – wir reden über nicht weniger als einen Skandal. Noch deutlich weniger diskutiert wird jedoch, dass ausländische Staatsfonds sich im großen Stil bei führenden Unternehmen in der westlichen Welt, insbesondere auch in Deutschland, Einfluss erkaufen.

Es ist heute eine Spezialistendiskussion in den Wirtschaftsteilen der Zeitungen – wohl auch, weil wir alle daran gewöhnt sind, dass die Verbindungen zwischen den Sphären Politik und Wirtschaft ohnehin sehr intransparent sind. Was da an Einflussnahme geschieht, passiert weitgehend über Hinterzimmer-Lobbyismus und bleibt damit der Kontrolle durch die Öffentlichkeit verborgen.

Doch was immer es da an Zurückhaltung und Vorsicht bei deutschen Managern, Eigentümern und Geschäftsleuten hoffentlich noch geben mag: Wir können kaum davon ausgehen, dass das die Abgesandten ausländischer Staats- und Ölfonds ebenso handhaben – dafür wird die Versuchung zu groß sein. DAX-Konzerne wie Volkswagen, Daimler und die Deutsche Bank können erheblichen Einfluss mobilisieren. Nicht nur weil ihnen über die vielen Arbeitsplätze und die Möglichkeit von deren Verlagerung ein entsprechendes Drohpotenzial zu Gebote steht. Die Konzerne verfügen auch über ganze Heerscharen an Lobbyisten und spenden zudem direkt für die Wahlkampfkassen der etablierten Parteien. Wer also Deutschlands Großkonzerne regiert, der hat mittelbar auch Einfluss auf Politik und Gesellschaft.

Was dabei so alles schief gehen kann, zeigte vor nicht allzu langer Zeit das aus dem Ruder gelaufene Manöver der Hotel-Lobby im Zusammenhang mit der damaligen Regierungspartei FDP. Kaum ins Amt gewählt, senkte die Regierung auf Betreiben der FDP und der CSU die Mehrwertsteuer für Hoteliers von 19 Prozent auf 7 Prozent. Ob da wohl die umfänglichen Wahlkampfspenden des Milliardärs August Baron von Finck zugunsten der FDP eine Rolle gespielt haben? Von Finck ist zufällig Miteigentümer der Hotelkette Mövenpick.

Es gehört nicht viel Fantasie dazu, sich auszumalen, dass dieser Einfluss auch für andere Projekte, etwa zugunsten der muslimischen Gemeinde genutzt werden kann. Bislang sind muslimische Staaten jedenfalls nicht durch Zurückhaltung aufgefallen, wenn es darum geht Geld in politischen Einfluss umzumünzen. Jüngst musste das zum Beispiel Ban Ki Moon, der Generalsekretär der Vereinten Nationen erfahren. Die UNO führt eine sogenannte „Liste der Schande“, auf der Länder verzeichnet sind, die Kinder in Kriegen verletzen, töten oder als Soldaten rekrutieren. Saudi-Arabien ist im Krieg gegen den Jemen für viele tote Kinder mitverantwortlich und gehörte demnach auf die Liste. Das sahen einige muslimische Länder aber anders und drohten damit, die Finanzierung verschiedener UNO-Projekte einzustellen, wenn Riad nicht von der Liste gestrichen werden. Ban Ki Moon gab nach und ließ den Öl-Staat von der Liste entfernen.

Wenn sich beispielsweise die Saudis also schon nicht scheuen, ihren finanziellen Einfluss gegenüber der großen und in der Öffentlichkeit stehenden UNO geltend zu machen, so werden sie erst Recht keine Hemmungen haben, diesen Einfluss mit aller Selbstverständlichkeit auch in der lokalen deutschen Wirtschaft einzusetzen.

Über welche Länder und Institutionen sprechen wir konkret? Die meisten Deutschen würden wohl auf die Frage nach den wertvollsten Unternehmen weltweit Apple, Exxon oder Google nennen. Weniger bekannt dürfte *Saudi Aramco* sein, die größte Erdölfördergesellschaft der Erde aus dem muslimischen Königreich Saudi-Arabien. Aramco wurde von der Wirtschaftswoche unlängst auf einen Wert von etwa 2 Billionen Dollar geschätzt; Alphabet (Google) und Apple kommen selbst zusammen genommen nur auf einen Wert von 1,2 Billionen Dollar.

Der saudische Kronprinz Mohammed bin Salman äußerte dem Blatt zufolge unlängst Pläne, wonach *Aramco* innerhalb von etwa 20 Jahren zum Industriekonglomerat ausgebaut werden könnte, dass sich vom Öl unabhängig macht – die Kriegskasse ist prall gefüllt.[56]

Bereits heute schon halten arabische Staatsfonds bedeutenden Anteile an namhaften deutschen Unternehmen. So hielt das Golf-Emirat Katar Ende 2015 immerhin 17 Prozent an der Volkswagen AG und Kuweit hält seit Jahren knapp 7 Prozent an Daimler. Katar ist außerdem mit rund 6 Prozent auch bei der Deutschen Bank beteiligt und besitzt Anteile an dem Baukonzern Hochtief. Die staatliche Schifffahrtskonzern UASC aus Dubai interessiert sich aktuell für die deutsche Hapag-Lloyd, einen der zentralen Know-How-Träger der Branche in Deutschland.

Abu Dhabi, ein anderer muslimischer Wüstenstaat, hält über die Etihad fast 30 Prozent an Air Berlin und ist Großaktionär bei der Deutsche Annington. Die Deutsche Annington ist mit mehreren hunderttausend Wohnungen in ganz Deutschland das größte Wohnungsunternehmen des Landes und als DAX-Unternehmen auch einer der wertvollsten Konzerne hierzulande.

Das waren nur einige Beispiele – ohne jeden Anspruch auf Vollständigkeit – die bereits die Anfänge zeigen. Gleichwohl lassen sich diese Investitionen noch deutlich ausbauen und die ÖL-Staaten planen jetzt schon ihre langfristigen Investitionen für die Zeit nach dem Ende der Ölvorkommen.

Für alle vier genannten Staaten gilt, dass der Islam die offizielle Staatsreligion ist. Geht von dieser Machtkonzentration eine Gefahr der gezielten Einflussnahme aus? Das zu verneinen erfordert wohl eine gehörige Portion Naivität. Die Wissenschaftler Schäfer und Bläschke recherchierten vor einigen Jahren im Auftrag der Hans-Böckler-Stiftung die Aktivitäten und Gefahren von Staatsfonds in Deutschland. Die Wissenschaftler geben sich bei aller Neutralität skeptisch und schreiben:

> *„Zwar verdeckt die Finanzkrise die Kontrovers um Staatsfonds, doch bleiben Bedenken bestehen, was ihre (wahren) Zielsetzungen, den Grad ihres Einflusses auf ihre Unternehmensbeteiligungen, ihre politischen Ziele (…) angeht. Vermehrt werden daher Bedenken gegenüber den Zielen von Staatsfonds geäußert, die sich im Regierungsbesitz befinden. (…) Geht es den Regierungen darum, mit einem Staatsfonds nationale politische Interessen durchzusetzen?“*[57]

Diese Bedenken kann man kaum von der Hand weisen. Interessant ist die Frage, inwieweit durch eine solche Verschiebung der Besitzverhältnisse hiesiger Industrieperlen in muslimisch-staatliche Hände auch vorauseilender Gehorsam erzeugt wird. Nicht wenige Politiker sitzen auch in Aufsichtsräten oder lassen sich von Unternehmen teuer für Vorträge und Beratungsleistungen bezahlen. Dieser vorauseilende Gehorsam ist für die politische Kultur besonders fatal, da er sich schleichend vollzieht und von der Öffentlichkeit beim besten Willen kaum wahrgenommen werden kann.

IV Zwischenfazit: Eine brandgefährliche Kombination

Fassen wir zusammen, was wir heute schon genau wissen oder mit hoher Wahrscheinlichkeit konstatieren können: Von innen und von außen wirken ressourcenstarke muslimische Kräfte auf die deutsche Gesellschaft und ihre Institutionen ein. Diese Kräfte sind geeignet, eine nachhaltige Veränderung der deutschen Kultur zu bewirken.

Als sicher darf gelten: 2030 wird Deutschland genauso wenig das Land sein, wie wir es heute kennen, wie es heute das Land ist, das es zur Jahrtausendwende war.

Im Innern, soviel steht bereits fest, wächst eine rapide wachsende syrisch-türkisch-afghanische Gemeinschaft aus Muslimen heran, die einen immer erheblicheren Teil der deutschen finanziellen Ressourcen für sich beansprucht. Diese Gemeinschaft wächst durch immensen Flüchtlingszuzug, sie wächst durch den millionenschweren Familiennachzug der ersten Flüchtlingswelle und sie wächst durch eine klar überdurchschnittlich hohe Geburtenrate dieser Menschen. Sie speist sich also aus drei Quellen.

Mit zunehmender Größe wächst zwangsläufig das Selbstbewusstsein dieser Subkultur, die deutsche und westliche Werte in vielen Fällen per se ablehnt und in zentralen kulturellen und rechtlichen Aspekten andere, sogar mitunter kollidierende Ansichten vertritt. Die Angehörigen dieser Subkultur werden Parteien gründen die aus dem Stand heraus erfolgreich sind. Das Auftreten erfolgreicher, vergleichsweise charismatischer muslimischer Politiker in herausgehobenen Positionen ist damit einhergehend keine Frage des Ob, sondern des Wann.

Diametral entgegengesetzt sinkt zugleich die Anzahl und damit die Bedeutung der Deutschen *ohne Migrationshintergrund*, die weder geburtenstark sind, noch zahlenmäßig durch einen Zuzug aus dem Ausland gestärkt werden.

Derweil nehmen finanzstarke und sehr langfristig denkende islamische Staaten Deutschland von außen ins Visier. Reiche Golfstaaten, die den aggressiven wahhabitischen Islam als Staatsreligion kennen, kaufen sich nach und nach in das Who-is-Who der deutschen Wirtschaft ein.

Deutschland umgekehrt könnte sich in saudische, kuwaitische oder bahrainische Schlüsselindustrien nicht einmal einkaufen, wenn es das wollen würde: Diese Staaten schützen ihre Unternehmen. Nach und nach wird Industriepolitik nicht mehr auf Augenhöhe betrieben werden; die ausländischen Herren bestimmen, wer hierzulande in Vorständen und Aufsichtsräten sitzt. Sie nehmen entscheidenden Einfluss darauf, in welchen Ländern deutsche Unternehmen welche Waren produzieren. Die Frage, ob zum Beispiel deutsche Waffenhersteller ihre Produkte in korrupte oder ihr Volk unterdrückende Regime verkaufen dürfen, wird nur noch als folkloristische Showeinlage für die heimischen Medien diskutiert werden; die eigentliche Entscheidung wird in Riad, Abu Dhabi und Doha getroffen.

Was wir auch wissen: Heute schon teilen sich aggressive (saudische) und vergleichsweise gemäßigtere (türkische) Imame die Deutungshoheit und Macht in deutschen Moscheen. Beide Staaten stellen Multi-Millionen-Budgets bereit, um diese einflussreichen Vorbeter hierzulande zu installieren und den Bau und die Instandsetzung der Moscheen zu finanzieren.

Soweit zu den weitgehend gesicherten Erkenntnissen, die uns heute schon zur Verfügung stehen.

Für sich alleine genommen sind diese Aspekte problematisch genug und müssten von jeder gewählten Regierung weit oben auf die Agenda gesetzt werden. Stattdessen werden TTIP, Umweltschutz und Atompolitik diskutiert. Keine unwichtigen Themen, gewiss – aber eben auch nicht die Themen, an denen sich die Zukunft dieses Landes entscheiden wird.

Entscheidend ist: *Erst in der Kombination* ergibt sich bei nüchterner Betrachtung eine Gemengelage, die eine schleichende Hinwendung der Bundesrepublik Deutschland hin zu einer Art Muslimischen Republik Deutschland zur realen Gefahr macht.

Die Bewertung des Islam als Staatsreligion und die Forderung nach der Einführung der türkischen und/oder arabischen Sprache als Amtssprache werden zunächst als Extremposition gelten, sich jedoch beharrlich halten. Schon heute wehren sich Muslime auf allen Ebenen, wenn ihnen Frauen als Vertreterinnen des Staates gegenübertreten. Lehrerinnen, Polizistinnen, Behördenmitarbeiterinnen – überall wo Vertreter des Staates auf muslimische Einwohner treffen, sind entsprechende Vorbehalte bekannt und werden mitunter aggressiv vorgetragen.

Deutsche Gerichte haben bereits begonnen, die Herkunft aus einem islamischen Land als mildernden Umstand anzuerkennen, wenn zum Beispiel muslimische Männer auf deutschem Boden entsprechende Straftaten zur Verteidigung ihrer „Ehre“ begehen. Die Forderung, dass man die Leute auf dem Amt auch in ihrer Sprache anzureden hat, ist da einfach nur einen Schritt weitergedacht und konsequent. Ob die Politik dem etwas entgegensetzen wird? Heute schon fallen Politiker verschiedener Parteien, insbesondere der Grünen, durch die Forderung auf, man solle arabisch lernen, denn die Integration sei „keine Einbahnstraße“. *„Integration fängt damit an, dass Sie als*

Deutscher mal türkisch lernen!" meinte etwa die grüne Bundespolitikerin Renate Künast schon 2010 in der Sendung „Beckmann".

Der führende Grünenpolitiker Cem Özdemir wurde in vielen Medien mit der Aussage "*Was unsere Urväter vor den Toren Wiens nicht geschafft haben, werden wir mit unserem Verstand schaffen*", zitiert. Das grüne Urgestein Hans-Christian-Ströbele forderte, unterstützt von der FDP, eine türkische Version der Deutschen Nationalhymne als „Symbol der Vielsprachigkeit". Soweit zu den Äußerungen bundesweit bekannter Politiker dieser Partei. Noch abwegigere Äußerungen von gleichwohl immerhin gewählten Hinterbänklern seien hier für den Moment außen vor gelassen.

Auch die Wissenschaft biedert sich in Teilen an. Als etwa unlängst eine ansonsten unbekannte Hamburger Forscherin ihre fünf Minuten Berühmtheit hatte, weil sie mit ihrer Forderung, Deutsche sollten Arabisch, Persisch oder Kurdisch lernen, durch die Medien tingelte, sekundierte ein gewisser Professor Strothotte, eigentlich Informatikprofessor, Arabisch solle neben Deutsch eine gleichberechtigte und verpflichtende Unterrichtssprache werden.[58] Das der Mann völlig unzutreffenderweise in vielen Medien als „Bildungsexperte" betitelt wurde, war gewiss keine Glanzleistung journalistischer Recherchekunst.

4 Islamische Republik Deutschland? – Ein islamischer Vorposten in Europa

Die Befürchtung, Deutschland könnte noch zu unseren Lebzeiten zu einem islamischen Vorposten in Europa degenerieren, ist längst keine Fiktion von Pessimisten mehr.

In Frankreich hat der Schriftsteller und Philosoph Renaud Camus als einer der ersten der Sorge Ausdruck verliehen, dass es zu einem „grande remplacement“ kommt – zu einem großen Bevölkerungsaustausch. Er analysiert die Ereignisse und glaubt, dass sein Land vor einem Identitäts- und Kulturverlust steht, der in der Geschichte ohnegleichen ist.[59]

Camus selbst wird selbstverständlich gemieden – so wie jeder, der offenkundige Wahrheiten ausspricht; seine Thesen werden gleichwohl aufgeregt diskutiert und von vielen Menschen im Land geteilt. Auch maßgebliche Schriftsteller wie der schon erwähnte Michel Houellebecq oder Eric Zemmour haben das Thema aufgegriffen.

Spätestens seit der Flüchtlingskrise, die ja im Ergebnis nur isoliert Deutschland mit voller Wucht traf, muss man wohl sagen: Wenn diese Befürchtungen eine Berechtigung für Frankreich haben, so haben sie es für Deutschland allemal. Camus zitiert gerne den deutschen Schriftsteller Bertold Brecht, der einst ironisch anmerkte: „*Wäre es dann nicht doch einfacher, die Regierung löste das Volk auf und wählt ein anderes?*“ Aus dem sarkastischen Ausspruch Brechts sei bittere Wirklichkeit geworden, so Camus.

Völlig unerwartet dürfte die Kritik gewesen sein, die Berlin im Juni 2016 ereilte. Seine Heiligkeit, der Dalai Lama, Oberhaupt der Tibeter und selbst lebenslanger Flüchtling, kritisierte die Flüchtlingspolitik Deutschlands deutlich und meinte: „*Europa, zum Beispiel Deutschland, kann kein arabisches Land werden (...) es sind so viele, dass es in der Praxis schwierig ist*." Bei aller Empathie die er außerdem zum Ausdruck brachte, insbesondere gegenüber Frauen und Kindern, vertrat er außerdem den Standpunkt, dass es moralisch sinnvoll sei, die Leute nur *zeitweilig* aufzunehmen und dann bei der Rückkehr und dem Wiederaufbau ihrer eigenen Länder zu unterstützen.[60]

Als Deutscher kann man sich bei solchen wünschenswert klaren Worten nur die Augen reiben. Hat er das wirklich so gesagt? Nach der Definition der Grünen und sonstiger aggressiver Multikultis muss der Dalai Lama ja nun mindestens als „Besorgter Bürger", wenn nicht gar als Vordenker von Rassisten gelten. Schließlich vertritt hier jemand rechtsgerichtete Thesen! Auch die Idee seiner Heiligkeit, dass Schutz vor politischer Verfolgung nur für die Dauer der politischen Verfolgung gewährt werden soll, ist natürlich mehr als ketzerisch.

Zu dumm nur, dass die moralische Integrität des tibetischen Mönchs weltweit derart über jeden Zweifel erhaben ist, dass die Grünen sich restlos jeder Lächerlich preisgeben würden, wenn sie nun den Dalai Lama dämonisieren wollten. Politiker aller Fraktionen unternahmen daher als Reaktion das einzige, was ihnen noch übrig blieb: Sie schwiegen kollektiv.

Wenn wir uns für einen Augenblick in die Interessenlagen arabischer Staaten hineinversetzen, so ist deren außenpolitische Interessenlage für Deutschland eigentlich klar und sogar verständlich. Der strategische Wert eines solchen islamischen Vorpostens mitten im Herzen der westlichen Welt liegt offenkundig auf der Hand. Deutschland ist das größte und wirtschaftlich stärkste Land des Kontinents und in der EU das

Land mit dem größten Gewicht. Die Türkei zum Beispiel hat sich immer geärgert, dass ihnen der Zugang zur Europäischen Union verwehrt wurde. Jahrelang hat Deutschland entsprechende Ansinnen abgeschmettert. Erstmals im Rahmen der Flüchtlingskrise werden nun weitreichende Zugeständnisse zur Freizügigkeit türkischer Bürger vereinbart. Im Gegenzug freilich wird erwartet, wozu Deutschland selbst sich außerstande sieht: Die effektive Sicherung seiner Grenzen.

Mit einem islamisierten Deutschland hätte die arabische Welt also mit einem Schlag Gewicht bei vielen wichtigen Weltorganisationen: Man wäre die dominierende Kraft der EU, würde das muslimische Gewicht bei der UNO stärken und säße bei den G8-Gesprächen mit am Tisch. Auch in internationalen Organisationen wie der WTO übt Deutschland einen nicht unerheblichen Einfluss aus.

Mit welchen Forderungen und Veränderungen ist zu rechnen, wenn muslimische Parteien hierzulande damit beginnen, ihren Einfluss zu entfalten? Und wie steht es um die sogenannte deutsche Elite? Wie werden deren Angehörige sich verhalten, wenn sich das Land wandelt und persönliche Freiheitsrechte, die heute noch selbstverständlich sind, nach und nach einem konservativen Religionsverständnis Platz machen?

I Veränderungen im Alltag

Die meisten der heute lebenden Deutschen sind es nicht gewohnt, für Freiheitsrechte zu kämpfen und auf die Straße zu gehen. Der Grund dafür ist einfach: Wir halten diese Rechte für selbstverständlich. Die einzige Unfreiheit besteht neuerdings darin, dass wir unsere Meinung nicht mehr äußern können, ohne dafür mit Nachteilen bedroht zu werden. Es ist ähnlich wie mit den Spareinlagen – um die machen wir uns auch keine Sorgen, denn wir mussten uns nie um Hyperinflation und ähnliches Sorgen machen. Dass es auch anders gehen kann, weiß aus eigener Anschauung nur noch die Generation unserer Eltern oder Großeltern. Doch das wird sich ändern. Wenn sich die deutsche Kultur nachhaltig ändert und auf den Islam zubewegt, dann wird es zu Einschränkungen und unerwünschten Veränderungen im Alltag kommen.

Natürlich ist es zu einem erheblichen Teil Spekulation, welche Alltagsfolgen es für uns alle haben wird, wenn Deutschland über die Jahre zum islamischen Land mutiert. Einige Annahmen jedoch können heute schon recht valide aus Zusammenhängen getroffen werden, die uns bereits bekannt sind.

Zunächst einmal wissen wir, dass der Islam keine bescheidene und tolerante Religion ist, die andere Glaubensrichtungen ohne Weiteres neben sich duldet. Dass die wörtliche Bedeutung von „Islam" dem Wortsinne nach die Unterwerfung ist, wurde schon erwähnt. Dass das auch praktisch von vielen Angehörigen dieser Glaubensrichtung so gesehen wird, ist in der Vergangenheit ebenfalls deutlich geworden und zum Beispiel allen Völkern klar, die sich unter dem Einflussbereich des IS befinden. Ganz spezifisch gegen Christen richtet sich auch der Terror der islamistischen Boko-Haram-Mördermilizen in Nigeria.

Doch auch jenseits dieser terroristischen Ausprägungen des Islam ist unverkennbar, dass islamisch geprägte Staaten es nicht gewohnt sind, anderen Glaubensansichten denselben Raum zuzugestehen, wie ihrer eigenen. Aus islamischen Ländern ist *nicht* bekannt, dass dort christliche Kirchen und Moscheen einträchtig nebeneinander stehen.

Und wie ist die Geisteshaltung der Muslime in Deutschland? Ein kleines Gedankenexperiment:

> *Man stelle sich vor, eine kleine Schar überdrehter Christen, die im Jemen lebt, hat den Nerv, eines Tages als neunköpfige Gruppe durch Sanaa zu laufen und „Christliche Religions-Polizei" zu spielen. Die Gruppe besorgt sich Warnwesten mit dem entsprechenden Aufdruck, druckt Verhaltensmaßregeln auf Karten und patrouilliert durch die Stadt. Dann hält sie Leute an, von denen sie annimmt, dass sie sich nicht an christliche Sitten halten und stellen sie zur Rede.*

Man kann sicherlich fest davon ausgehen, dass der jemenitische Staat mit gebührender Härte gegen diese Leute vorgehen würde und möchte nicht in der Haut dieser „Religionspolizisten" stecken, wenn die Miliz anrückt.

Die Überlegung ist insoweit unsinnig, als das den Angehörigen christlicher Minderheiten in arabischen Ländern dergleichen gar nicht in den Sinn käme. Man ist schon froh, wenn man diskriminierungsfrei durch den Alltag kommt. Sie ahnen es – umgekehrt ist so etwas natürlich schon vorgekommen. Sven Lau, der bundesweit bekannte islamische Konvertit und acht seiner Getreuen sind als „Sharia-Polizei" durch Wuppertal patrouilliert.

Nebenbei gefragt: Was sagt es über die hiesige Kultur und die Ehrfurcht vor dem deutschen Rechtsstaat aus, dass diese Leute dachten, sie kämen mit so etwas durch?

Von überdrehten Einzelpersonen auf die Gruppe im Ganzen zu schließen ist natürlich unzulässig. Gleichwohl – in einem islamisch geprägten Deutschland würden die Menschen ihr Erscheinungsbild anpassen. Kurze Röcke bei unseren jungen Frauen würden zu einem Spießrutenlauf in der Stadt führen. Selbstverständlich würden sich allerorten Scharia-Polizei-Trupps formieren, die den Leuten erzählen, wie sie sich zu benehmen haben. Eine Scharia-Polizei gehört heute schließlich auch in Ägypten, Saudi-Arabien, Iran, Indonesien, Jemen, Libyen, Malaysia, Sudan, Pakistan und Nigeria zum Erscheinungsbild – warum also nicht auch im größten Europäischen Vorposten? Mag sein, dass bei der Einführung zunächst beschwichtigt würde. „Die Scharia-Polizei soll nur Muslime zur Ordnung rufen", würde es heißen. Und wer sorgt in der Praxis dafür, dass die Sittenwächter nicht auch vorbeilaufende Deutsche bedrängen?

Von den Neuankömmlingen in den Erstaufnahmestellen für Flüchtlinge ist ebenfalls keine bescheidenere Haltung zu erwarten. Man sollte denken, diese Leute hätten alle Hände voll damit zu tun, sich um ihre eigenen Angelegenheiten zu kümmern und würden sich in einem fremden Land, das sie gastfreundlich aufnimmt, zunächst mal zurückhaltend und genügsam verhalten. Mitnichten. Wer in den Lagern als Christ auffällt, wird sofort diskriminiert und auch bedroht. Das gilt erst Recht, wenn Muslime hierzulande zum christlichen Glauben konvertieren möchten.

Die *Internationale Gesellschaft für Menschenrechte*, die Initiative *Open Doors* und die *Aktion für verfolgte Christen* haben Anfang 2016 Flüchtlinge christlichen Glaubens in Erstaufnahmeheimen befragt. Von 231 befragten Christen berichteten 204 von religiös motivierter Verfolgung durch muslimische Mitbewohner und/oder muslimisches Wachpersonal. Das Mobbing-Arsenal reicht von massiven Beleidigungen über Diebstählen und systematischer Benachteiligung bei der Versorgung bis hin zu körperlicher Gewalt und Morddrohungen.[61]

Anders gesagt: Diese Leute suchen ausdrücklich und bewusst Schutz und Asyl in einem *christlichen Land* und tyrannisieren dann die Christen unter sich. Ein christlicher Konvertit aus dem Iran wurde mit den Worten zitiert: *„Ich bin aus meinem eigenen Land in der Hoffnung geflohen, dass mein Leben hier vor den drohenden Gefahren sicher wäre, aber in Deutschland bin ich mehr bedroht worden“.*

Nebenbei bemerkt: Der Bericht zeigt auch, dass die örtlichen Polizeidienststellen und die Heimleitungen (soweit sie nicht sowieso selbst an der Diskriminierung beteiligt sind) bislang nicht annähernd in der Lage sind, diese christliche Minderheit in unserem traditionell christlichen Land zu schützen. Kann es überhaupt ein größeres Armutszeugnis für Deutschland geben?

Es ist vielleicht kein Wunder, dass den „Neubürgern“ der Respekt vor dem deutschen Staat fehlt, wenn dieser so derart eklatant darin versagt, sich Respekt zu verschaffen. Man sagt sich einfach: *„Sehr her – ich bin in einem christlichen Land und darf straffrei Christen bedrohen und verfolgen. Dass die Leute zur Polizei gehen ändert daran gar nichts. Irgendein Beamter nimmt meine Personalien auf, geht dann wieder und das Spiel beginnt von vorn. Kost und Logis trägt das christliche Land für mich.“* Wer da noch Respekt vor unserem sogenannten Rechtsstaat hat, dem ist auch nicht zu helfen.

Ist es möglicherweise so, dass der Bericht übertrieben ist, wie etwa die Frankfurter Allgemeine Sonntagszeitung argwöhnte? Dazu lässt sich Markus Rode, der Open-Doors-Geschäftsführer gegenüber der Evangelischen Nachrichtenagentur *idea* auszugsweise wie folgt zitieren:

> *„Es war nicht zu vermeiden, dass die Betroffenen das Tabuthema, dass sie von Muslimen bedroht und attackiert werden, benannt haben. Drei Viertel der Befragten gaben an, das sie diese Verfolgung mehrfach durchleiden mussten. 37 Prozent wurden körperlich misshandelt und 32 Prozent haben Todesdrohungen erhalten. Nur 20 Prozent haben sich getraut, die Übergriffe bei der Polizei anzuzeigen, jedoch ohne Erfolg. (...) Diese Realität wollen manche nicht wahrhaben und werfen Open Doors Übertreibung vor.“*[62]

Selbst wenn es, wie die FAS meint, Übertreibungen geben sollte, so geht die Diskussion doch gründlich fehl. Denn auch wenn die Zahlen nur halb so hoch sein sollten, so wären sie immer noch ein Skandal. Doch anstatt diesen Skandal zu thematisieren wird ähnlich wie bei den Ausschreitungen zu Silvester lieber mit Nebenkerzen hantiert und versucht, Nebenthemen zu debattieren.

Soweit also zu den muslimischen Flüchtlingen und der Frage, wie diese sich kulturell in unser Land einbringen werden. Die Neuankömmlinge kommen vielfach aus Ländern mit einer strengeren Auslegung muslimischer Glaubensvorschriften, als wir es heute von den Türken kennen. Von dieser Gruppe ist also eher eine Verschärfung der Situation zu erwarten. Wenn solche Leute sich heute schon in Flüchtlingslagern erdreisten, Christen in einem christlichen und ihnen Unterschlupf gewährenden Land zu bedrohen, wieso sollten sie sich dann künftig tolerant gegenüber nichtmuslimischen Kulturen zeigen? Wenn die

Angehörigen dieser ersten Flüchtlingswelle erst einmal richtig hier angekommen sind, ihre Familien nachgezogen haben und über dauerhafte Aufenthaltstitel verfügen, dann werden sie auch noch das bisschen Bescheidenheit und Zurückhaltung aufgeben, dass sie vielleicht heute noch an den Tag legen.

Abgesehen von den Veränderungen im Straßenbild gibt es eine Vielzahl von größeren und kleineren Einflussmöglichkeiten islamischer Kräfte. Über kurz oder lang werden sie – wie die traditionellen Parteien auch – in den Rundfunkräten sitzen und über das Programm mitbestimmen wollen. Der Fantasie sind keine Grenzen gesetzt: In Frankreich gibt es eine Gesetzgebung zur Wahrung der Kultur, die vorsieht, das bis zu einem festgesetzten Anteil auch französische Lieder gespielt werden müssen. Wie wäre es, wenn nach diesem Vorbild auch zu einem festgelegten Mindestanteil arabische und türkische Lieder gespielt werden?

Oder nehmen wir das Thema Gleichstellung. Über den Gleichstellungsgedanken ist es gelungen, weibliche Führungskräfte mit einigem Erfolg in die Vorstände und Aufsichtsräte der maßgeblichen Unternehmen zu bringen. Ist es da nicht nur folgerichtig, künftig über eine analoge Quotenregelung auch muslimische Manager in Führungsfunktionen zu quetschen?

Auch Schulen werden sich umstellen müssen. Wo derart viele Muslime unterrichtet werden, sollten die Lehrpläne angepasst werden. Als Zweitsprache Englisch und Spanisch? Türkisch oder Arabisch müssen ja wohl mindestens Zweitsprache werden, wenn nicht sogar gleichberechtigt neben Deutsch Unterrichtssprache und Pflichtfach für alle Kinder. Die Forderung gibt es heute schon aus Kreisen opportunistischer Wissenschaftler. Auch die Speisepläne in den Schulkantinen müssen angepasst werden. Ob Mädchen und Jungs getrennt unterrichtet werden müssen, wie vielfach in der Türkei und anderen arabischen Ländern oder vorerst noch zusammen bleiben dürfen, bleibt abzuwarten. Sexualkunde wird selbstverständlich abgeschafft, die Evolutionstheorie wird ebenfalls gestrichen.

Das Deutschland jede Menge christlicher Feiertage kennt und die Beschäftigten von der Arbeit befreit, nicht aber muslimische Feiertage, ist ein unhaltbarer Zustand für ein islamisiertes Land. Notfalls kann man ja einen katholischen oder evangelischen Feiertag kürzen.

Auch unzumutbar ist die Freizügigkeit, die hierzulande Minderheiten und auch Frauen zugestanden werden. Jüdische Mitbürger zum Beispiel werden in arabischen Ländern, in denen sich bis heute vielfach Hitlers „Mein Kampf" ausgezeichnet verkauft, eher geduldet, als das man in ihnen gleichwertige Mitglieder der Gesellschaft sehen würde.[63] Hunderttausende Kurden im Land, die traditionell in Feindschaft zur Türkei stehen, müssten sich möglicherweise ebenfalls auf Einschränkungen ihrer Freiheitsrechte gefasst machen.

Homosexuelle müssten zunächst einmal aus der öffentlichen Wahrnehmung verbannt werden – zum Schutze der Jugend. Die Ehe und erst Recht die Kindererziehung sind selbstverständlich eine Domäne der klassischen Familie. Wobei ja noch zu redefinieren ist, was eine „klassische Familie" ist. Schließlich ist die Polygamie eine Einrichtung mit großer Tradition. Wie äußerte sich dazu Emine Erdogan, die Frau des türkischen Staatschefs unlängst öffentlich? „*Der Harem war eine Schule für Mitglieder der osmanischen Dynastie und eine Lehreinrichtung, in der Frauen auf das Leben vorbereitet wurden.*" Erdogan selbst, dessen offizieller Religionsberater Medienberichten zufolge vier

Ehefrauen sein Eigen nennt, wurde – am Weltfrauentag – mit dem Ausspruch zitiert, für ihn sei eine Frau vor allem eine Mutter.

Behörden und staatliche Einrichtungen sollten aus hygienischen Gründen getrennte Waschräume für Muslime und Nicht-Muslime haben. Es ist Muslimen auf Dauer nicht zuzumuten, die gleichen Toiletten nutzen zu müssen, wie Christen, die Schweinefleisch zu sich nehmen und entsprechend unrein sind. Im Übrigen müssen die Muslime in der Lage sein, auf Ämtern in ihrer Sprache zu sprechen und auch behördliche Schreiben in ihrer Sprache zu erhalten. Viele andere Länder verfügen schließlich auch über mehrere Amtssprachen – unser Nachbarland Belgien zum Beispiel. Mit welchem Argument wollte man das also den Türken oder Arabern hierzulande verweigern, wenn die Forderung aufgestellt wird? Sobald die erste muslimische Partei an einer Regierungsbildung beteiligt wird, ist mit einer entsprechenden Absichtserklärung im Koalitionsentwurf zu rechnen.

Diese Tendenz hat übrigens schon ihren Anfang genommen. Vermehrt sieht man in der Öffentlichkeit amtliche Hinweise, die vorsichtshalber noch einmal in Türkisch und anderen wichtigen Migrantensprachen verfasst sind, um diesen Gruppen nicht das Lesen der deutschen Version zumuten zu müssen. Arbeitgeber im ganzen Land kennen das Thema „Aushangpflichtige Gesetze". Die wichtigsten Schutzvorschriften und Gesetze sollen an gut einsehbaren Stellen im Betrieb ausgelegt werden, damit sich die einzelnen Beschäftigten ohne Hürden informieren können. Sind von dem Aushang ausländische Mitarbeiter in größerer Zahl betroffen, die der deutschen Sprache nicht mächtig sind, so wird von Juristen auch heute schon empfohlen, vorsichtshalber eine zumindest zusammenfassende Version in der Sprache dieser Menschen anzubieten. Das sind die Anfänge – nach und nach gewöhnen wir uns schon daran, dass

Verlautbarungen allerorten auf Deutsch, Türkisch und Arabisch veröffentlicht werden.

Alles Pessimismus und in Wahrheit werden die Menschen ihre Freiheiten zu verteidigen wissen? Wer das glaubt, darf sich als Fallbeispiel den Kulturwandel bei der Re-Islamisierung der Türkei zu Gemüte führen, die mit dem Aufstieg Erdogans verbunden ist. Erdogan trieb die Islamisierung der Gesellschaft mit Macht voran. Seine AKP erließ Alkoholverbote, sorgte für eine züchtige Geschlechtertrennung in Studentenheimen und brachte das Kopftuch zurück in den Staatsdienst. Türkische Frauen ermahnt er immer wieder, sie sollten mindestens drei Kinder zur Welt bringen. Die Anzahl der Schüler an Religionsschulen hat sich bislang seit Erdogans Feldzug versechseinhalbfacht. An diesen Schulen ist Biologieunterricht verpönt und Mädchen und Jungs werden getrennt unterrichtet.

Immer wieder hat er seine Agenda offen kund getan: Er will eine „religiöse Generation“ heranziehen, wie die deutsche linksgerichtete Zeitung *TAZ* beklagt. Russlands Präsident Putin merkte skeptisch an, dass eine in den Islam zurückfallende Türkei unter einem Obermuslim Erdogan wohl nur begrenzt in einem Krieg gegen radikale Islamisten zu gebrauchen sei. Auch vereinzelte deutsche Medien berichteten mit Argwohn von einer mittelbaren Kooperation der Türkei mit dem IS und anderen Terrorgruppen.

Ein vielleicht noch eindringlicheres Fallbeispiel für die Islamisierung eines Landes ist der Libanon. Die Libanesische Republik liegt am Mittelmeer, grenzt im Norden und Osten an Syrien und im Süden an Israel. Die Bevölkerung des kleinen Landes an diesem geopolitisch heiklen Brennpunkt beträgt weniger als 6 Millionen Menschen – vergleichbar mit der

Bevölkerungsanzahl der Metropolregion Berlin/Brandenburg. Fast die Hälfte lebt in Beirut und Umgebung.

Etwa 95 Prozent der Bevölkerung sind arabischer Abstammung. Noch im Jahr 1956 lag der Anteil der Christen im Land bei deutlich über 50 Prozent. Niedrigere Geburtenraten gegenüber den Muslimen, vor Repressalien flüchtende Christen und eine hohe Anzahl von zuziehenden Migranten aus dem islamischen Raum haben jedoch dafür gesorgt, dass der Anteil der Christen heute auf etwa 34 Prozent zurückgegangen ist, während die Muslime bei ca. 60 Prozent die neue Mehrheit bilden. Was bedeutete diese Umkehrung der Mehrheiten für die Kultur im Land?

Der Erzbischof von Beirut, Flavien Joseph Melki warnte vor einigen Jahren Deutschland angesichts muslimischer Geburtenraten und muslimischen Öl-Geldes vor einer drohenden Islamisierung – der Mann weiß, wieso. Verschiedene der katholischen und der evangelischen Kirche nahestehende Publikationen beklagen seit geraumer Zeit die Re-Islamisierung des Landes und damit einhergehende Nachteile für die christliche Bevölkerung.

Zwischen 1975 und 1995 sollen nach Auskunft des Arbeitskreises „Religionsfreiheit der Evangelischen Allianz" 850.000 Christen den Libanon verlassen haben. Die einheimischen Bischöfe sprechen von einer schleichenden Islamisierung und vom Verschwinden der christlichen Kultur, die das Land so lange Zeit prägte. Militante Hisbollah-Kämpfer und andere Islamisten drängen Christen dem Bericht zufolge aktiv zur Ausreise. Die eigentlich im Libanon in der Verfassung verankerte Religionsfreiheit ist wenig wert, solange das Rechtssystem des Landes nicht den Durchgriff hat, die entsprechenden Gesetze auch gegen militante Milizen durchzusetzen.

Beirut, einst als „Paris des mittleren Ostens bekannt, folgt nun nach Auskunft von Beobachtern mehr und mehr dem Modell des Irak und Ägyptens. Das „katholische Medienzentrum“ zitiert libanesische Kreise, denen zufolge die etwa zwei Millionen – vorwiegend islamischen – syrischen Flüchtlinge das ohnehin heikle Mehrheitsverhältnis nun noch weiter in Richtung Muslime drücken. Die Christen würden nun *„mit Sorge und oftmals mit Angst in die Zukunft schauen“*. Zu Recht. Auf mittlere bis lange Sicht gibt es im einst christlichen Libanon keinen Platz mehr für Christen.[64]

Natürlich sorgt die geografische Nähe der Menschen dort zum Einflussgebiet des IS für besondere Gefahren. Christlich geprägte Dörfer an der Grenze zu Syrien rüsten sich bereits gegen IS-Milizen und schaffen Maschinengewehre und schweres Gerät an. Die Sorge ist durchaus nicht unbegründet: Im libanesischen Grenzort Arsal wurden bereits mehrere Soldaten und Polizisten getötet oder entführt. Aus Sicht des IS ist die Christliche Population im Nahen Osten schließlich eine nicht hinnehmbare Anstößigkeit.

Soweit zu den Veränderungen im Alltag, soweit sie sich heute schon seriös prognostizieren lassen. Für die meisten Deutschen wird diese schleichende Islamisierung schlicht eine Begrenzung ihrer Freiheitsrechte bedeuten. Wenn sie sich anpassen und mit den neuen Einflüssen arrangieren, werden sie mehr oder weniger ihren Platz im Land finden. Nicht wenige Deutsche werden sicherlich persönlich auch zum Islam konvertieren, wenn dieser hierzulande an Einfluss gewinnt.

Für die Angehörigen der deutschen politischen, wissenschaftlichen, journalistischen und wirtschaftlichen Eliten, die diesen Zerfall der deutschen Kultur heute durch ihr Verhalten oder auch ihre Untätigkeit entweder begünstigen oder aktiv mit bewirken, sieht das anders aus. Sie verfügen über das soziale und das monetäre Kapital, das ihnen Mobilität verschafft: Sie und ihre Kinder können bei Bedarf das Land verlassen und ihre schicken Vorort-Appartements in Hamburg, München und Berlin-Brandenburg gegen ebenso schicke Bleiben in Paris, New York oder London austauschen.

II Islamischer Terrorismus – Deutschland als Rückzugsgebiet für ISIS und Al-Qaida

Europa ist bereits nach heutigem Stand gleichermaßen Rückzugsgebiet und Anschlagsziel islamistischer Terroristen, auch wenn in Deutschland bei mehreren Gelegenheiten bislang das Schlimmste verhindert werden konnte. Die interessante Frage ist – neben einer aktuellen Bestandsaufnahme –, welche Rolle ein islamisiertes Deutschland im Koordinatensystem internationaler Terrororganisationen wie dem Islamischen Staat und Al-Qaida einnehmen würde.

Deutschland als Anschlagsziel...

Vielleicht sind wir schon zu abgebrüht, um uns von den Zahlen noch beeindrucken zu lassen? Die zusammengefasste Faktenlage des Jahres 2015 von Europol liest sich sehr nüchtern und hat offenbar niemanden mehr in besonderer Weise aufgeschreckt.

Stellen Sie sich jedoch Ihre Bestürzung vor, wenn man Ihnen den *Bericht zur Entwicklung des Terrorismus 2015* der europäischen Polizeibehörde Europol schon vor sechzehn Jahren zur Jahrtausendwende zu lesen gegeben hätte:[65]

- Europol vermeldet für das Jahr 2015 über 1.000 Festnahmen auf europäischem Boden im Zusammenhang mit terroristischen Aktivitäten.

- 667 dieser Personen stammen aus der Dschihadisten-Szene; weitere 168 Personen wurden als Nationalisten oder Separatisten eingestuft. Auf Linksextreme entfielen 67 Festnahmen, auf Rechtsextreme entfielen ganze 11 Festnahmen. (Dass rechtsextremen Straftätern dennoch in deutschen Zeitungen mindestens genauso viel Aufmerksamkeit zuteilwurde wie den Dschihadisten, vermeldete Europol freilich nicht, sagt aber viel über die deutsche Medienlandschaft aus).

- Insgesamt registrierte die europäische Polizeibehörde in 2015 ganze 211 ausgeführte, gescheiterte oder vereitelte Terrorpläne in der EU.

- Der größte „Erfolg" aus Sicht der Dschihadisten fand in Paris statt; dort verübten Anhänger der Terrormiliz *Islamischer Staat* mehrere zeitgleiche Anschläge mit 130 Todesopfern. Insgesamt wurden 2015 jedoch 151 Todesopfer in Europa gezählt, die sich dem Terrorismus zuschreiben lassen.

- Ob diese Zahlen damit schon vollständig sind, ist fraglich: Die Mehrheit der kleineren EU-Staaten liefert der Behörde nur sehr zögerlich die notwendigen Zahlen und Daten zu.

Soweit zu den nüchternen Fakten. 2015 erreichte die Flüchtlingskrise ihren vorläufigen Höhepunkt. Dennoch wäre es ein Denkfehler zu glauben, dass die Flüchtlingskrise nun der große Auslöser für diesen Hype terroristischer Aktivitäten gewesen sei. Die Infiltration von Attentätern, Sprengstoff und großkalibrigen Waffen war schon *vor den Zeiten* des

Flüchtlingszustroms offensichtlich kein logistisches Problem für arabische Terroristen:

- **Frankreich:** Am 7. Januar 2015 verübten zwei jemenitische Al-Qaida-Terroristen einen Anschlag auf die Redaktion einer Satirezeitschrift in Paris und töteten dabei 12 Personen.

- **Großbritannien:** Am 7. Juli 2005 verübten islamische Täter den schwersten Terrorangriff in der Geschichte Großbritanniens, als sie bei insgesamt vier Explosionen, ausgelöst durch Rucksackbomber, im gesamten Verkehrsnetz insgesamt 52 Menschen töteten und weitere über 700 verletzten.

- **Spanien:** Am 11. März trafen Terroristen aus dem Umfeld der Al-Qaida die spanische Hauptstadt Madrid, als sie 191 Menschen töteten und über 2.000 verletzten. Mit einer Serie von 10 Bomben attackierten sie Vorortzüge von Madrid im morgendlichen Berufsverkehr. Drei weitere Bomben mit massiver Sprengkraft sollten verzögert detonieren, um die später zu Hilfe kommenden Rettungskräfte zu töten; sie wurden jedoch von Sprengstoffspezialisten rechtzeitig außer Gefecht gesetzt.

- **Belgien:** Bereits am 24. Mai töteten Islamisten vier Besucher eines jüdischen Museums in Brüssel. Die aktuellen Anschläge im März 2016 forderten 32 Todesopfer und mehr als 300 Verletzte.

- **Deutschland:** Deutschland ist bislang weitgehend unbeschadet davon gekommen, wenngleich nicht sicher ist, wie vollständig die Informationslage ist, die an die Öffentlichkeit dringt. Was wir wissen:

- In zwei Regionalzügen wurden 2006 kraftvolle Kofferbomben abgestellt, die nur aufgrund handwerklicher Fehler nicht explodierten. Die Detonationskraft hätte wohl genügt, um die Züge entgleisen zu lassen.

- Im Sauerland stürmte ein GSG-9 Kommando 2007 ein Ferienhaus, in dem eine Terrorzelle der Vereinigung *Islamische Jihad-Union* sich zu etwas trafen, was die Staatsanwälte später als „Vorbereitung eines Sprengstoffanschlags und Verabredung zum Mord" qualifizierten.

- In Frankfurt am Main schossen Islamisten 2011 auf amerikanische Soldaten und töteten dabei zwei von ihnen.

- Ebenfalls 2011 nahmen Staatsschützer in Düsseldorf die vier Mitglieder einer Al-Qaida-Zelle fest, die eine Splitterbombe an einer Bushaltestelle zünden wollten.

- Im Dezember 2012 meldeten Jugendliche am Bonner Hauptbahnhof eine verdächtige blaue Sporttasche. Die Tasche enthielt einen Sprengsatz, konnte aber entschärft werden.

- Im Juni 2016 ließ die Bundesanwaltschaft syrische Asylbewerber in Nordrhein-Westfalen, Brandenburg und Baden-Württemberg festnehmen. Französische Ermittler brachten sie auf die Spur. Ein weiterer Verdächtiger sitzt in französischer Haft

> – deutsche Behörden haben seine Auslieferung nach Deutschland beantragt.
>
> Den Herren wird die „Verabredung zu einem Verbrechen“ und die „Mitgliedschaft in einer terroristischen Vereinigung“ vorgeworfen. Oder weniger amtsdeutsch ausgedrückt: Die Staatsanwaltschaft war sich sicher, dass es sich um Angehörige einer IS-Terrorzelle handelte, die einen Sprengsatz in der belebten Düsseldorfer Altstadt hochgehen lassen wollten. Zwei sollten sich mit Sprengwesten als Selbstmordattentäter im Bereich der Heinrich-Heine-Allee wegbomben, die anderen sollten möglichst viele Passanten mit Gewehren und weiteren Sprengsätzen töten.

Von spektakulären und opferreichen Anschlägen ist die Bundesrepublik also bislang erfreulicherweise verschont geblieben, was für Glück spricht, aber auch durchaus für ein gewisses Geschick deutscher Staatsschützer und Nachrichtendienste.

Zweierlei wird deutlich: Zum einen sollte sich niemand der Illusion hingeben, dass islamistische Täter nicht das Know-How hätten, hierzulande aktiv zu werden oder das Land mit schwerem Gerät zu infiltrieren. Das konnten Terroristen schon vor der Flüchtlingskrise; gegenwärtig ist es erst Recht ein Kinderspiel, sich ins Land zu schmuggeln: Man mischt sich einfach unter die Flüchtenden. Das Bundeskriminalamt ermittelt unter den Flüchtlingen bereits in Dutzenden Fällen wegen des Verdachts auf „Mitgliedschaft in einer terroristischen Vereinigung“, wie es in schönstem Behördendeutsch heißt.

Zum anderen wird deutlich, dass ein Anschlag auf deutschem Boden eine Frage des *Wann* ist; nicht etwa des *Ob*. Wir werden nicht ewig Glück haben. Egal ob Afghanistan, Syrien oder afrikanische Küstenabschnitte: Die Bundeswehr ist weltweit in militärische Allianzen gegen islamische Staaten eingebunden und im Übrigen ein Land voller Ungläubiger. Der zynische Scherz, der dazu in den sozialen Medien kursiert, wonach Islamisten keinen deutschen Bahnhof in die Luft jagen würden, weil dann angesichts der vielen Migranten im Land zu 50 Prozent eigene Glaubensbrüder zu den Opfern gehören, wird sich nicht bewahrheiten. Deutschland und Europa sind seit Jahren eine Operationsbasis für Dschihadisten und werden es auch bleiben.

Das dieser Zustand nicht besser, sondern eher schlechter wird, scheint deutschen Sicherheitskreisen gegenwärtig so wahrscheinlich, wie schon lange nicht mehr: Der Grund dafür sind die zurückkehrenden Dschihadisten, die aus unseren Sphären Richtung IS aufgebrochen sind um den heiligen Krieg zu unterstützen und die nun, soweit sie überlebt haben, „nach Hause" kommen. Sie sind mittlerweile kampferprobt, sie sind verroht und sie sind sich sicher, dass unser Land ein Sündenpfuhl ist.

Von den über 700 bis 1.000 Kämpfern, die bislang von Deutschland aus in das Konfliktgebiet aufgebrochen sind, sind etwa 100 getötet worden; zehn von ihnen bei Selbstmordattentaten. Mitte 2015 sprach der Bundesverfassungsschutz von gut 230 gewaltbereiten Dschihadisten, die sich wieder auf deutschem Boden befinden; mittlerweile dürfte sich die Zahl noch einmal erhöht haben. Zwischen 3.000 und 5.000 sind es nach Auffassung von Europol europaweit.

...und Rückzugsort

Die Bundesrepublik ist aber nicht nur Operationsgebiet radikal-islamischer Terroristen. Deutschland ist neben Belgien zugleich auch ein wichtiger Rückzugsort für die Szene. Dafür sprechen viele Indizien.

Als Mohammed Atta am 11. September 2001 eine Boeing 767 in den Nordturm des World Trade Centers in New York steuerte, blickten auch die Deutschen ungläubig auf das, was sich da vor ihren Fernsehbildschirmen tat. Was erst nach und nach ans Licht kam: Atta und weitere salafistische Islamisten seiner Zelle hatten die Tat in der beschaulichen Marienstraße in Hamburg-Harburg geplant.

Damit zogen Dschihadisten allerdings die Aufmerksamkeit deutscher Sicherheitsbehörden auf sich, die nun begannen, die Szene deutlich schärfer zu beobachten, als bislang. Dennoch: Weitere Bezüge in Deutschland ansässiger Islamisten ließen sich zu den verheerenden Anschlägen auf Bali ein Jahr später ausmachen und bis zum heutigen Tage werden Ermittler zitiert, die Deutschland bescheinigen, als Rückzugsort für Terrorzellen zu fungieren. Zwei der Attentäter von Paris sind als Flüchtlinge über Deutschland eingereist, bevor sie sich zu ihrem Spektakel in Paris trafen.

Ein weiterer Islamist, der von den Medien sogenannte „Polizei-Attentäter von Paris“, war mehrfach vorbestraft und verurteilt worden: Gegen ihn wurde wegen Rauschgifthandel, Diebstahl, sexueller Belästigung und Körperverletzung ermittelt und er nutzte bis zu sieben unterschiedliche Namen – all das hielt die Bundesrepublik Deutschland nicht davon ab, ihm ein Asylverfahren zu gewähren. Mit dem Schlachtruf *Allahu Akbar* stürmte der offenbar mäßig intelligente Mann schließlich am

Jahrestag des Charlie-Hebdo-Angriffs mit Bombenattrappe und Schlachtermesser die Pariser Polizeistation an der Rue de La Gouette d'Or, wo er selbstverständlich erschossen wurde.

Auch die USA verschärften nach den Pariser Anschlägen 2015 noch einmal ihre Einreise- und Visabestimmungen. Ranghohe US-Politiker zeigten sich nach einem Bericht der ZEIT „besorgt, da viele gewaltbereite Islamisten eine europäische Staatsbürgerschaft besitzen", so das Blatt. Und zu Recht.

Was heißt es für die Rolle Deutschlands als islamistischer Rückzugsort einerseits und Anschlagsziel andererseits, wenn Deutschland dereinst zum islamischen Vorposten in Europa avanciert?

Das die Funktion des Landes als Rückzugsort und Basis für die Gotteskrieger dann noch ausbaufähig ist, liegt auf der Hand. Andererseits würden unsere Nachbarländer mit scharfen Grenzkontrollen und restriktiven Visavorschriften reagieren.

Doch entscheidender ist, dass Deutschland auch als islamisiertes Land keineswegs vor Anschlägen durch radikalislamische Milizen gefeit ist. Schließlich tragen IS, Al Qaida & Konsorten ihre Konflikte heute auch schon in islamischen Ländern aus. Boko Haram kämpft in Nigeria gegen die christliche Minderheit, Al-Qaida kämpft gegen aus ihrer Sicht zu gemäßigte Muslime in arabischen Ländern und das IS-Kalifat terrorisiert die Bevölkerung im Irak, in Syrien und teilweise auch in Libyen und dem Libanon. Wo immer der IS herrscht, führt er die Scharia ein.

Einen nur gemäßigt islamisierten deutschen Staat kann der IS allenfalls als vorläufigen Teilerfolg für Allah betrachten. „Islam" bedeutet dem Wortsinne nach Unterwerfung und genau das betreibt der IS.

III Rechtsterrorismus. Eine rechtsradikale Rote-Armee-Fraktion?

Enver Simsek war ein fleißiger und ehrgeiziger Mann. Als er 1986 aus der Türkei ins beschauliche südhessische Schlüchtern zog, baute er sich rasch mit deutschen Tugenden wie Fleiß und Beharrlichkeit eine beachtliche Existenz in seiner neuen Heimat auf. Er begann als Fabrikarbeiter und machte sich dann mit einem einzigen Blumenstand selbstständig, den er nach und nach zum Blumengroßhandel ausbaute.

Mit 38 war er auf dem Höhepunkt seines Erfolgs: Sein Großhandel lief ausgezeichnet und Simsek baute den Handel aus; angeschlossene Läden und Stände vervollständigten sein kleines Reich und er expandierte schon in benachbarte Bundesländer. Auch privat ging es ihm gut: Er war verheiratet und hatte zwei Kinder, die auf ein Internat gingen.

Alle jene die ein praktisches Musterbeispiel für gelungene Integration suchen, könnten heute, wenn die Dinge ihren erwartbaren Gang genommen hätten, auf Enver Simsek blicken und sagen: „Seht her! So sieht gelungene Integration aus."

Es kam leider anders. Am Samstag, den 9. September 2000 muss Simsek einen seiner Mitarbeiter vertreten, der Urlaub hat. Also packt er seine Blumen selbst in den Mercedes-Sprinter, fährt nach Nürnberg und baut seinen mobilen Stand an einer Ausfallstraße am Stadtrand auf. Er richtet alles schön her: Nett drapierte Blumen in Vasen auf Bierbänken, Sonnenschirme – es ist schließlich noch warm an diesem ersten Samstag im September und die Schirme spenden angenehmen Schatten.

Kurz nach Mittag nähern sich zwei junge Deutsche seinem Stand; es sind die letzten Menschen, die Simsek in seinem Leben sehen wird. Aus zwei unterschiedlichen Waffen, Kaliber 6.35 und 7.65 feuern sie insgesamt acht Schüsse auf ihn ab. Obwohl alle Kugeln treffen und eines der Projektile das Auge zerstört und auf der anderen Seite wieder austritt, hängt der kräftige Mann zunächst am Leben. Die Ärzte kämpfen zwei Tage um sein Leben, bevor sie den aussichtslosen Kampf aufgeben und die Geräte schließlich abschalten.

Warum? Sie töteten den 38-jährigen Familienvater einfach deshalb, weil er dem Augenschein nach ein Migrant war. Das reichte den Tätern als Motiv.

Die Polizei ermittelt zunächst in viele Richtungen. Ehrenmord? Racheakt? Oder vielleicht Neid auf den erfolgreichen Geschäftsmann? Die Polizei steht vor einem Rätsel. Sie ist auch nicht schlauer, als ein Jahr später ein anderer türkischstämmiger Siemens-Arbeiter im Nürnberger Süden mit zwei Kopfschüssen aus einer Waffe getötet wird, die auch schon bei Simsek zum Einsatz kam. Oder als weitere zwei Wochen später ein türkischstämmiger Obsthändler im weit entfernten Hamburg-Bahrenfeld aus ebendieser Waffe getötet wird. Bandenkriminalität scheint der Polizei bis zu diesem Zeitpunkt das wahrscheinlichste Szenario zu sein.

Erst viele Jahre später wird einer Sonderkommission aus mehreren hundert Ermittlern klar, dass diese drei Menschen die ersten Mordopfer einer kleinen Gruppe hochgradig rassistischer Mörder waren, die sich selbst *Nationalsozialistischer Untergrund - NSU* nennt.

Heute, hunderte Ermittlungsakten und einen Bundestags-Untersuchungsausschuss später, weiß man: Diese drei

Terroristen haben zwischen 2000 und 2006 in verschiedenen deutschen Großstädten insgesamt neun Menschen mit Migrationshintergrund getötet; nach Ansicht der Bundesanwaltschaft kommt noch der Mord an einer Polizistin in Heilbronn dazu. Außerdem Bombenattentate in Köln, mehr als ein Dutzend Bankraube sowie weitere Verbrechen im ganzen Bundesgebiet von Rostock bis München. Mittlerweile ist die Gruppe aufgelöst. Zwei der Haupttäter haben sich selbst getötet und gegen die verbleibenden Akteure wird das geführt, was die Medien einen „Jahrhundertprozess" nennen.

Abgesehen von einzelnen Verirrten kann sicherlich niemand von uns wollen, dass eine Gruppe selbsternannter Sheriffs marodierend durch das Land streift und eigensinnig-wahnhaft Politik mit der Schusswaffe macht.

So klein die Gruppe auch war: Sie erreichte mit mutmaßlich zehn Morden immerhin fast ein Drittel des Mordumfangs der RAF, die in den siebziger, achtziger und neunziger Jahren des letzten Jahrhunderts in Deutschland wütete.

Das Glück im Unglück bestand bei der NSU-Gruppe darin, dass der Spuk quasi schon wieder vorbei war, als man davon erfuhr. Eine größere, stabilere Gruppierung, die sich auf verschiedene Zellen stützt und entsprechende logistische und finanzielle Unterstützung genießt, kann ein Land dagegen über Jahre und Jahrzehnte hinweg in Angst versetzen.

Die Bewertung, wie es dazu kommen konnte; wer, wie und was hier alles versagt hat – von den Eltern über die Schulen und Ausbildungsstätten bis hin zu den ermittelnden Beamten und Verfassungsschutzämtern – all das böte hinreichend Stoff für ein eigenen Buch. Soweit möchten wir vorliegend nicht in die Materie eintauchen. Mit Blick auf die Zukunft gerichtet zeigt uns der über

Jahre andauernde Erfolg der Gruppe zunächst mal nur: Rechtsterrorismus kann ganz praktisch gesehen in Deutschland auf fruchtbaren Boden fallen und gedeihen.

Betrachtet man Terrororganisationen im westlichen Kulturkreis gesamthafter; sei es die ehemalige RAF während des sogenannten deutschen Herbstes, sei es die IRA in Nordirland oder die ETA in Spanien, so fallen Terrorismusforschern konstituierende Grundzüge und Charakteristika auf, die alle gemein haben. Gewisse Charakteristika beziehen sich zum Beispiel auf die Art der Kriegführung, auf die Ideologie und auf psychologische Aspekte.

Von besonderem Interesse ist auch, wie solche Organisationen praktisch strukturiert sind, sich logistisch gesehen rekrutieren und es schaffen, ihre Zellen zu reproduzieren: Es muss natürlich zunächst einmal einen harten Kern von Tätern geben, die bereit sind, ihr bürgerliches Leben aufzugeben oder jedenfalls hochgradig zu gefährden, um die konkreten Anschläge und Verbrechen zu begehen. Diese Personen müssen ideologisch außerordentlich stark motiviert und handlungsgeleitet sein. Salopp gesagt: *Ein bisschen Links* zu sein, reicht nicht aus, um sich der RAF anzuschließen; *ein bisschen Rechts* reicht nicht, um sich der NSU anzuschließen.

Daneben muss noch es einen erweiterten Kreis von Sympathisanten geben, die die Logistik stellen oder unterstützen. Praktisch gesehen: Wenn Täter zum Beispiel konkret auf der ständigen Flucht vor der Polizei untertauchen müssen, brauchen sie über Jahre ein Sympathisanten-Netz, bei deren Mitgliedern sie mal ein paar Nächte wohnen können und auf deren Ressourcen sie zurückgreifen können: Geld, Waffen, Autos.

Um die Struktur am Beispiel der RAF zu benennen: Damals ging das Bundeskriminalamt von drei Gruppen aus, die der Bundesinnenminister so klassifizierte: Gruppe Eins bilden die in Freiheit befindlichen und zu Mord entschlossenen Intensivtäter. Gruppe Zwei rekrutiert sich aus „*Desperados, die selbst keine Initiative ergreifen würden, die jedoch jederzeit mitmachen und einem Leitwolf folgen würden.*" Und dann gibt es die dritte Gruppe der aktiven Sympathisanten, die vorbereitend und unterstützend mitwirkt. Um die Größenordnungen im Verhältnis abzuschätzen: In Gruppe Eins befanden sich Mitte der siebziger Jahre nach polizeilichen Schätzungen etwa 25 Personen; in der zweiten Gruppe weniger als 100 Personen und in Gruppe Drei 200 bis 300.[66]

Allen gemein war, dass sie auf eine kollektive Ideologie zurückgriffen und die gesellschaftlichen Verhältnisse zu ihrer Zeit als unzumutbar zurückwiesen. Diese Verhältnisse waren gewissermaßen die ständige Motivationsquelle; ein gemeinsamer Motor.

So klein die NSU auch war, so bildete sie dieses strukturelle Erscheinungsbild der RAF doch ganz gut wieder. Einer der Terroristen führte (Gruppe Eins) und die anderen beiden folgten (Gruppe Zwei). Alle drei konnten auf ein Netzwerk von Gesinnungsgenossen bauen, die heute in München mitangeklagt sind (Gruppe Drei). Bewertet mal allerdings die Anzahl der unentdeckten Jahre und der erfolgreichen Morde, so war die NSU doch deutlich effizienter als die RAF. Das wird auch damit zusammenhängen, dass die NSU in aller Stille tötete, während Bader, Meinhof und Konsorten zusätzlich ständig an pseudointellektuellen Pamphleten schrieben um damit ihre Sichtbarkeit herzustellen: Die Provokation des Staates und das Hervorrufen möglichst intensiver öffentlicher Berichterstattung war damals ausdrücklich erwünscht, während die NSU möglichst lange unentdeckt bleiben wollte.

Doch die NSU ist, auch wenn sie erfolgreicher als andere Gruppen war, bei weitem kein Einzelfall. In den achtziger Jahren gründete sich die „Deutsche Aktionsgruppe", die bundesweit Sprengstoffanschläge gegen staatliche Einrichtungen, Behörden und Asylunterkünfte durchführte. Die Gruppe umfasste Menschen aus allen Bildungsschichten: Ein Werkarbeiter wurde später genauso verurteilt wie ein Arzt.

1982 radikalisierten sich sechs Hessen zu einer gemeinsamen Vereinigung mit dem Ziel, US-Einrichtungen auf deutschem Boden anzugreifen. Die sogenannte amerikanische Fremdherrschaft sollte weggebombt werden. Bis dahin gehörten sie Verbänden wie der „Wiking Jugend" oder den berüchtigten „Wehrsportgruppen" an. Der Gruppe gelangen immerhin einige Anschläge auf Fahrzeuge und US-Militärangehörige, bevor sie vom hessischen Staatsschutz zerschlagen werden konnte.

Im Mai 2015 griff der Staat gegen Angehörige der sogenannten „Old School Society" durch.[67] 250 Beamte gingen zeitgleich in fünf Bundesländern gegen die mutmaßlichen Mitglieder dieser Gruppierung vor, durchsuchten zahlreiche Räumlichkeiten und stellten Anschlagspläne und Pyrotechnik mit erheblicher Sprengkraft sicher.

2016 zerschlugen die Sicherheitsdienste in Freital, Sachsen eine Bürgerwehr mit dem Namen „*Gruppe Freital*", als zweihundert Beamte, angeführt von Spezialkräften der GSG-9, fünf Verdächtige im Alter von 18-39 Jahren festnahmen.

Einzelfälle, die bislang – abgesehen von der NSU – noch immer rechtzeitig gefasst werden konnten? Gewiss. Doch die

Einschläge kommen näher. Der Chef des Inlandsgeheimdienstes, Hans-Georg Maaßen warnte schon im September 2015 im *Stern*-Interview, dass sich möglicherweise im *„derzeitigen Klima Gruppen bilden, die dazu bereit sind, rechtsextremistische Anschläge zu verüben“*. Der Rechtsextremismus-Experte Bernd Wagner warnte ebenfalls im September 2015 im *Deutschlandfunk*, die Szene sei *„im Krieg“* und stehe kurz davor, zum Partisanenkampf überzugehen.

Was sagt uns das alles? Man muss wahrlich kein Terrorismusexperte sein, um folgendes vorauszusagen: Schon heute gibt es sowohl das ideologische Umfeld als auch das nötige Unzufriedenheitspotenzial als Antrieb für rechte Gruppen. Die Saat ist da und geht an verschiedenen Stellen bereits auf; mal mit mehr und mal mit weniger Erfolg.

Wenn Deutschland sich zum Islam hinwendet und die Deutschen sich tatsächlich – oder auch nur gefühlt – zur Minderheit im eigenen Land entwickeln, so wird es eher mittel- als langfristig erfolgreich tätigen Rechtsterrorismus in Deutschland geben. Man mag die dann entstehende Organisation „Neo-NSU“ oder „Rechte RAF“ oder auch ganz anders nennen: Sicher ist nur, dass sie eine Schneise der Gewalt und der Gegengewalt durch das Land ziehen wird.

Ein Blick auf die Unzufriedenheit der Minderheiten in Spanien und Irland, die sich letztlich lange Jahre in der Gewalt der ETA und IRA ausdrückte, bestätigt ebenfalls das Terrorpotenzial das sich ergibt, wenn sich eine Volksgruppe dauerhaft benachteiligt sieht. Zugegeben – der Vergleich hinkt. So wie eigentlich jeder Vergleich. Doch die Indikatoren sprechen eine deutliche Sprache: Wenn die gegenwärtigen Verhältnisse schon geeignet sind, rechten Terrorzellen einen Nährboden zu geben, so sind es die künftigen Verhältnisse allemal.

Und die Folgen? Wer sich einmal die Zeit genommen hat, die Historie terroristischer Organisationen wie der ETA, der IRA oder auch der RAF nachzulesen, der weiß: Terroristen im eigenen Land sind unerbittlich und nehmen Kollateralschäden der eigenen Bevölkerung für das „größere Ziel“ billigend in Kauf. Es gibt Tote auf allen Seiten. Tote Terroristen, tote Polizisten aber auch tote Zivilisten.

Und daneben gibt es auch indirekte Kosten, die die Gemeinschaft zu tragen hat: Eine rechtsterroristische Vereinigung würde dazu führen, dass die Sicherheitsmaßnahmen in Deutschland noch weiter erhöht und Freiheitsrechte noch weiter eingeschränkt würden.

Wie verändert sich insgesamt das Klima in Land und auf den Straßen, wenn zugleich Terror von Islamistenseite und von den Rechten droht? Ist es „Alarmismus“ oder auch nur Pessimismus, wenn man befürchtet, dass Deutschland dereinst ein Land wird, für das unsere Nachbarländer ihren Bürgern gegenüber eine Reisewarnung aussprechen?

Die Antwort der Politik kann nur eine Doppelstrategie sein: Langfristig müssen die sich andeutenden Verhältnisse verhindert und ein Abgleiten des Landes in die muslimische Kultur verhindert werden. Mittelfristig müssen Aktivitäten arabischer und rechter Terrororganisationen auf deutschem Boden unnachgiebig und mit hinreichenden Ressourcen eingedämmt werden. Ein zu beschwerlicher Weg? *„Politik ist keine Wissenschaft, (…) sondern Kunst“,* meinte Otto von Bismarck, der beschwerliche Wege bekanntermaßen nicht scheute. Mithin die „Staatskunst“. Wer sie nicht beherrscht, soll eben andere ans Ruder lassen, die sich dem gewachsen fühlen.

Was die Bekämpfung rechter Organisationen angeht, ist zuletzt der Eindruck entstanden, dass die Sicherheitsdienste nach dem Versagen bei der NSU nun erhöhte Wachsamkeit an den Tag legen und bestrebt sind, staatsgefährdende Aktivitäten bereits im Keim zu ersticken. Hierfür haben sie auch die Rückendeckung und das Lob der Medien, die ohnehin alles zur Übergröße aufbauschen, war irgendwie nach „Rechts" aussieht.

Verbesserungspotenzial gibt es hingegen noch bei muslimischen Extremisten. Deutlich wird das etwa am Fallbeispiel des Hamburger „Deutsch-Syrers" Mohammed Haydar Zammar. Der Mann war also Syrer, wuchs aber in Hamburg auf und erhielt schon 1982 als Kind die deutsche Staatsbürgerschaft.

Zammar wurde Ende 2001 auf Betreiben des US-Geheimdienstes CIA während einer Marokko-Reise entführt und verschleppt. Die USA hielten den Mann für gefährlich und hatten aus deutschen Sicherheitskreisen erfahren, dass Zammar einen Trip nach Marokko unternahm, um sich von seiner Zweitfrau scheiden zu lassen. Die US-Ermittler – seit jeher eher hemdsärmelig und pragmatisch in Terrorermittlungen, ließen Zammar durch ein marokkanisches Sonderkommando noch am Flughafen festnehmen und nach Damaskus ausfliegen. Kurz darauf wurde Zammar auch von deutschen Beamten in seiner Zelle in Damaskus verhört.

In der Folge berichteten deutsche Medien mit viel Tamtam und Empörung über die Entführung dieses armen Mannes, Grundtenor: Da wird einer rechtswidrig entführt, weil er Mohammed heißt und einen unangepassten Eindruck macht. Dabei ist er doch so schön integriert. Zwar sahen amerikanische und deutsche Sicherheitsdienste Hinweise darauf, dass Zammar an der Vorbereitung der 9/11-Attentate beteiligt gewesen sein könnte, aber das sei ja alles nicht erwiesen. Begriffe wie

„Menschenjagd", machten dem Leser gleich klar, was sie davon zu halten haben. *„Einst voller Hass auf die deutsche Gesellschaft habe er"*, so zitierte ihn etwa der *Spiegel*, *„mittlerweile deren Vorzüge zu schätzen gelernt"*. Er habe so viele Jahre in Deutschland gelebt und sei nun an die dortige Rechtsstaatlichkeit gewöhnt.[68]

Dass er die deutsche Justiz, die ihn im Falle einer Verurteilung vermutlich mit einwöchiger Delfin-Therapie und Bewährungsstrafe gepiesackt hätte, einem Gefängnis in Damaskus vorzieht, ist natürlich sehr gut nachvollziehbar.

Der Vorgang schlug entsprechende Wellen und beschäftigte auch einen Bundestags-Untersuchungsausschuss. Ob die Medien Zammar auch so empört unter die Arme gegriffen hätten, wenn sie geahnt hätten, welche Meldung eines fernen Jahres im Juni 2016 über die Ticker läuft? Muhammad Haidar Zammar, 2013 im Rahmen eines Gefangenenaustausches von der Syrischen Regierung freigelassen, schloss sich der radikalislamischen Terrororganisation IS an, hieß es da. Der deutsche Inlandsgeheimdienst und das BKA haben Zammar nach entsprechenden Auswertungen in mindestens zwei Propagandafotos identifiziert und vermuten den sechsfachen Familienvater derzeit in Syrien, wo er möglicherweise als Prediger oder Logistiker eingesetzt wird.

Das Fallbeispiel macht deutlich, dass die deutschen Medien und die Politik hierzulande viel zu verhalten und mit angezogener Handbremse gegen islamistische Terrorgefahren reagieren. Samthandschuhe nützen uns leider nichts gegen einen Gegner, der mit Selbstmordattentätern und Streubomben gegen uns vorgeht.

Die Rolle der deutschen Sicherheitsdienste damals war nur eine nachgeordnete: Die Amerikaner handelten aktiv und die Deutschen waren bestenfalls Juniorpartner – und dennoch wurden BKA und Geheimdienst an den medialen Pranger gestellt. Was wir jedoch brauchen ist ein Klima, in dem unsere Ermittler unbehindert arbeiten können und nicht stets besorgt sein müssen, wegen jeder pragmatischen Aktion vor einen Untersuchungsausschuss zitiert zu werden.

5 Deutschland im Kulturkrieg

Im Jahr 2015 weitete sich in Deutschland der bis dahin schon problematische Zuzug von Flüchtlingen zur Staatskrise aus, als Bundeskanzlerin Merkel im Einvernehmen mit der Regierungskoalition die Staatsgrenzen für Null und Nichtig erklärte.

Mit Beginn dieser Krise verlor Deutschland erstmals seine politische Mitte. Es gab nur noch rechts gegen links; ein abwägendes „sowohl als auch“ wurde von keiner Seite mehr akzeptiert.

Deutschland befindet sich heute nüchtern betrachtet in einem Kulturkrieg. Begleitet wird dieser Kulturkrieg von einer nie dagewesenen Vertrauenskrise. Nie zuvor hegten weite Teile der Bevölkerung der Exekutive, der Judikative und den Medien gegenüber ein solches Maß an Misstrauen.

Dieser Krieg wird im Zeitverlauf an Intensität gewinnen und Opfer fordern. Es nehmen Menschen aus allen Gesellschaftsschichten und Sphären teil. In scharfem, zumeist unversöhnlichem Ton stehen sich hier die Flüchtlingsfreunde und Multikulti-Verfechter, dort die konservative Riege der Bewahrer gegenüber. Bahnhofsklatscher vs. Wutbürger – schon die Bezeichnungen, die man sich wechselseitig gegeben hat, machen die Fronten klar. Redakteure und Journalisten der verschiedenen Medien haben sich längst auf die Lager aufgeteilt. Politiker nur teilweise und ungern - es entspricht ihrem Naturell, zu keinem der Lager gehören zu wollen, damit sie noch im letzten Moment ihr Fähnlein in Richtung des wahrscheinlichen Siegers schwenken können. Das erklärt zum Beispiel den unsäglichen Zickzackkurs der SPD.

„Das Rückgrat ist bei manchen Politikern unterentwickelt – vielleicht weil sie es so wenig benutzen“, meinte spitz Margaret Thatcher zu dieser Eigenart ihrer Kollegen. Auch führende Wissenschaftler und Vertreter des Bildungsbürgertums haben sich schon geäußert. Wirtschafts- und Verbandsvertreter äußern sich ebenso zum Sachverhalt und auch Kirchen- und Gewerkschaftsführer haben sich bereits positioniert.

Der Riss geht aber auch durch die Bevölkerung und bringt Freunde und Partner gegeneinander auf. Buchstäblich jeder kennt zur Flüchtlingskrise die erbitterten Diskussionen und Kontroversen aus dem Freundschaftskreis: *„Wir müssen schließlich helfen und überhaupt - der Islam ist eine Bereicherung für unsere Kultur“*, sagen die einen. *„Es gibt keine moralische Pflicht zur Selbstzerstörung!“* antworten mit Peter Sloterdijk die anderen.

Und zu Recht. Diesmal geht es schließlich um etwas. Bei anderen Themen, etwa dem Atomausstieg, mochten auch schon viele diskutieren, doch das war eine weitgehend akademische Diskussion: Ob ausgerechnet Deutschland seine Atomkraftwerke, die zu den bestgewarteten der Welt gehören, abschaltet oder nicht, hat nun global wirklich keine besondere Relevanz.

Doch diesmal geht es um den Bestand unserer Kultur. Das was so oft spöttisch ins Feld geführt wird – der angebliche "Untergang des Abendlandes" –, steht diesmal für Deutschland tatsächlich zu befürchten. Nicht von heute auf morgen, aber schleichend, tiefgreifend und schneller, als den meisten bewusst ist.

Wenn die Verteidigungslinie der Kulturbewahrer nicht hält und sich die von den Altachtundsechzigern und Multikultis dominierten Eliten durchsetzen, so ist es überwiegend wahrscheinlich, dass Deutschland über kurz oder lang zum islamischen Vorposten in Europa degeneriert. Nicht heute und nicht morgen, doch über wenige Jahre nähert sich der Point of no Return, ab dem ein Umdrehen nicht mehr möglich ist. Konrad Adenauers Haltung, wonach man niemals „zu spät“ sagen dürfe, weil es auch in der Politik immer Zeit für einen Neuanfang gäbe, wird sich, so muss man befürchten, nicht bewahrheiten.

Was für jeden Krieg gilt, das bewahrheitet sich auch für den Kulturkrieg: Das erste Opfer ist die Wahrheit. Die Hauptwaffen der Multikultis in der öffentlichen Debatte sind: Diffamierung und Verzerrung. Diffamierung, weil jeder schlankerhand zum Nazi abgestempelt wird, der seine Besorgnis erkennen lässt. Das war zu Beginn der Flüchtlingskrise weit schlimmer und ist nun etwas abgeebbt.

Das dem so ist, ist zum Teil einzelnen Medien zu verdanken, die sich dem Mainstream nicht, oder nicht vollumfänglich angeschlossen haben und auch differenzierte Gedanken zulassen. Etwa der FAZ, der WELT, der BILD aber auch in Teilen der ZEIT.

Es ist aber auch der AfD und ihren Wählern zu verdanken. Bei den drei Landtagswahlen Anfang 2016 erhielten die angeblichen Demagogen derart viel Zustimmung, dass nun einigen doch mulmig wurde bei dem Gedanken, ganze Landstriche mit Millionen Menschen zu "Naziland" erklären zu wollen. „*Machen Sie sich erst mal unbeliebt, dann werden sie auch ernst genommen*“, meinte vor Jahren Konrad Adenauer und das mediale Interesse an der AfD bestätigt seine vorlaute These.

Nichtsdestoweniger trotz wird weiterhin Druck ausgeübt. Kann man sich etwa als junger Journalist in der Redaktion des Spiegel-Magazins - dem Sturmgeschütz der Multikultis -, Sympathie für die falsche Seite leisten ohne um seine Karriere fürchten zu müssen? Oder darf man in der CDU als junger Abgeordneter gegen die offizielle Doktrin der Kanzlerin angehen, ohne sich um seinen Listenplatz sorgen zu müssen? Es gibt in der Republik viele kleinere und größere Abhängigkeiten und die Altachtundsechziger sitzen nach ihrem „Marsch durch die Institutionen“ an vielen Schaltstellen der Macht.

Hier ist ein Lob für die CSU-Fraktion angebracht, die fast im Alleingang von Beginn an die undankbare Querulantenrolle auf sich genommen hat und die letzte Bastion der Vernunft innerhalb der Kanzler-Partei darstellte. „*Es ist die Aufgabe der Opposition, die Regierung abzuschminken, während die Vorstellung noch läuft*“, wird Jaques Chirac mitunter zitiert. Doch die einzige Opposition, jenseits der noch jungen und mehr oder minder noch in der Selbstfindung befindlichen AfD fand sich in der Regierungspartei CSU.

Linke und Grüne konnten natürlich nicht ernsthaft opponieren – in den dortigen Reihen konnte man sein Multikulti-Glück von Merkels Gnaden gar nicht fassen und die SPD ist ohnehin historisch selten durch vorausschauende Politik aufgefallen. „*So wie ein Hund unfähig ist, sich eine Wurstvorrat anzulegen, so sind die Sozialdemokraten unfähig, Geldvorräte anzulegen*“, soll der für seine Vergleiche berüchtigte Franz Josef Strauß geäußert haben. Dabei sind die finanziellen Folgen der Flüchtlingskrise, so gravierend sie auch sein mögen, noch das kleinste Problem im Gesamtkontext.

Die andere Waffe der Multikultis ist die Verzerrung und das gezielte Verschweigen wesentlicher Sachverhalte. Teilweise wurden wesentliche Informationen einfach nicht wiedergegeben. Eine unheilige Allianz aus hohen Polizeivertretern und Medien hat zum Beispiel die landesweiten Ereignisse in Köln verschwiegen. Nur durch den Druck der sozialen Medien kam letztlich ans Licht, das man uns die Horrornacht als eine normale Partynacht ohne besondere Vorkommnisse verkaufen wollte. Nur schwer vorstellbar ist, dass die Politik von alldem nichts gewusst haben soll.

Was die Medien und die Behördenführung in jener einen Nacht an Vertrauen zerstört haben, kann nur in Jahren wieder aufgebaut werden. Das Wort von der "Lügenpresse" ist bis weit ins Lager der Mittelschicht vorgedrungen und wir haben nicht weniger als eine handfeste Vertrauenskrise gegenüber diesen Obrigkeiten im Lande, deren Aufgabe eigentlich so klar gewesen wäre: Uns zu schützen und zu informieren.

Derlei Nachrichtensperren sind nichts Ungewöhnliches. Hinter vorgehaltener Hand berichten Polizisten immer wieder, dass zu vielen kleineren und größeren Verbrechen Nachrichtensperren verhängt werden. Vorfälle in Flüchtlingsheimen oder bei denen Flüchtlinge die Tatverdächtigen sind, werden beispielsweise immer wieder unter den Tisch gekehrt. Sehr prominent berichtet wird dagegen umgekehrt von Straftaten Deutscher gegen Flüchtlingsheime. Begründet wird diese Informationspolitik, die einer Diktatur würdig wäre, damit, dass man den "Rechten nicht in die Hände spielen" wolle. Das man aber genau das damit erst Recht erreicht, weil die Menschen ihren Obrigkeiten nach all den Verschleierungen nun mit Argwohn begegnen, ist ironischerweise keinem der Genies in den Sinn gekommen, die in dieser Angelegenheit Entscheidungen zu treffen haben.

Dass diese bevormundende Denkweise bis in die höchsten Sphären der Politik salonfähig geworden ist, zeigte auch ein Vorfall Ende 2015. Das Fußball-Länderspiel in Hannover wurde abgesagt und die Medien übertrugen statt des Spiels nur Aufnahmen ernst dreinblickender Bereitschaftspolizisten in schwerer Kampfmontur. Warum? Das wurde uns nicht gesagt. Innenminister de Maizière trat vor die Kamera, sprach von einer Terrorwarnung und meinte, er könne den genauen Grund nicht nennen:

„*Ein Teil der Antwort würde die Bevölkerung verunsichern*“, so der Minister.

Ach so: Papa Schlumpf beschützt uns jetzt alle vor zu viel Wissen. Damit wir gut schlafen können. Vielleicht ist es auch einfach so, dass „ein Teil der Antwort“ lautete, dass Terroristen im Umfeld von Flüchtlingstrecks vermutet wurden und dass dies der Regierung politisch nicht so richtig passen würde? Alles Spekulation, gewiss, doch genau das ist der Punkt – durch bewusstes Verschweigen öffnet man Spekulationen Tür und Tor. Sinnvoller wäre es gewesen, mündigen Bürgern die schlichte Wahrheit mitzuteilen.

Wo nicht direkt verheimlicht werden kann, wird verzerrt und getrickst. Wer erinnert sich nicht an die vielen rührenden Bilder zu Beginn der Flüchtlingskrise, als die Medien landauf landab die Bilder flüchtender Familien und Kinder zeigte? Realistischer wäre es gewesen, ganze Straßenzüge mit jungen, kriegserprobten Männern zu zeigen. Doch das hätte nicht die Herzen der Leser berührt, sondern eher Besorgnis ausgelöst. Bilder lügen mehr als tausend Worte.

Natürlich haben nicht nur Medien und Pressestellen der Polizei die unrühmliche Angewohnheit, Informationen verzerrt oder verkürzt wiederzugeben. Zum Beispiel ließen sich Politiker zu Beginn gerne mit der Aussage zitieren, wir hätten in der Flüchtlingskrise angeblich gar nicht anders handeln können, dass folge aus internationalem Recht wie etwa der Genfer Konvention. Das mag vielleicht nicht völlig gelogen sein – gemessen am Wortlaut der entsprechenden Rechtsnormen. Doch wussten diese Politiker ganz genau, dass niemand, aber auch wirklich niemand, der Schweiz, Österreich, Frankreich oder irgendeinem anderen Land mit direkten oder indirekten Höchstgrenzen je ernsthaft den Bruch internationalen Rechts vorgeworfen hätte. Demnach hätten auch wir sehr wohl eine Begrenzung vornehmen können, ohne damit Rechtsbruch zu begehen.

Eine andere verzerrte Aussage war, man könne eine solch lange Grenze nicht wirksam schützen. Die USA schützen an ihrer Grenze zu Mexiko einen über dreitausend Kilometer langen Wüstenabschnitt. Natürlich nicht mit einer hundertprozentigen Erfolgsquote, doch 98 Prozent reichen völlig, um von einem Erfolg zu sprechen. Mittlerweile haben die Türkei, Griechenland und Österreich das unternommen, wozu wir nicht in der Lage waren: Die Sicherung der Grenzen. Wohlgemerkt - wir waren politisch nicht dazu in der Lage, technisch wäre es selbstverständlich möglich gewesen.

Welche Seite wird letztlich diesen Kulturkrieg für sich entscheiden?

In Österreich konnte unlängst das alte Multikulti-Lager noch ein letztes Mal seine Reserven mobilisieren und bei der Bundespräsidentenwahl einen Kurswechsel verhindern – mit wenigen Tausend Stimmen Vorsprung. In Frankreich werden der rechtskonservativen Marie Le Pen für nächstes Jahr gute Wahlchancen attestiert und auch in Deutschland sind im Herbst 2017 Wahlen.

Abermals ein Gedankenexperiment

Dies ist ein politisches Sachbuch und der Leser darf nun zu Recht eine sachliche Aufzählung notwendiger Schritte erwarten, die einen Ausweg aus der selbst verschuldeten deutschen Misere aufzeigen. Etwa im Stile eines Zehn-Punkte-Programms oder eines Thesenpapiers.

Um das Land auf den richtigen Pfad zu bringen, ist jedoch mehr notwendig, als ein vorurteilsfreies Einsehen mit Zahlen, Daten und Fakten zu haben. Es ist vielmehr politisches Vorstellungsvermögen gefragt. Die Fähigkeit, zu sehen, was nun mit Mut und Chuzpe möglich wäre. Wagen wir daher stattdessen also ein weiteres Gedankenexperiment.

Deutschland zu Beginn des Jahres 2017. Nachdem die Spitzen der Parteien, des Bundeskabinetts und der Landesregierungen wochenlang im Verborgenen beraten haben, werden in rascher Folge Beschlussgremien einberufen. Der Bundestag und der Bundesrat tagen in schneller Folge. Abgeordnete werden mit Urlaubssperre belegt, es herrscht bis zu diesem Zeitpunkt eine strikte Nachrichtensperre. Ein Sondergesetz zur Bewältigung der Flüchtlingskrise und zum Schutz der deutschen Kultur tritt in Kraft. Es regelt die wichtigsten Fragen in Verbindung mit der Krise und stattet die Exekutive befristet mit weitreichenden Vollmachten aus. Vorbild sind die französischen Notstandsgesetze, die nach den Terroranschlägen von Paris ebenfalls quasi über Nacht in Kraft gesetzt wurden:

Die Polizei- und Sicherheitsdienste werden für zunächst 3 Jahre befristet mit umfangreichen Rechten und Befugnissen ausgestattet. Die Bundeswehr wird autorisiert, im Innern tätig zu werden; Teile der im Ausland befindlichen Truppenkontingente werden umgehend nach Hause beordert. Terroristen mit Migrationshintergrund, renitenten Straftätern und Angehörigen arabischer Mafia-Clans darf bei begründetem Verdacht oder bei Verurteilung die Staatsbürgerschaft entzogen werden. Menschen, die sich weigern ihr Herkunftsland anzugeben, werden unbefristet in Beugehaft genommen.

Der Außenminister nimmt umgehend Verhandlungen mit den zehn wichtigsten Herkunftsländern auf. Wer sich weigert seine Bürger zurückzunehmen wird zum Einlenken gezwungen: Bisher laufende Hilfsgelder aus Deutschland und der Europäischen Union können eingefroren werden; umgekehrt erhalten kooperierende Länder aufgestockte Zahlungen. Es gilt ein ehrgeiziger Zeitplan und Deutschland stellt Ultimaten.

Die Zuständigkeit für Abschiebungen wird im Rahmen der Notstandsgesetze auf den Bund übertragen; die Bundeswehr bereitet ihre Transall-Maschinen auf die Einsätze vor und fordert weitere Transportkapazitäten von NATO-Verbündeten an.

Zugleich verkünden Bundeskanzlerin Merkel und Vizekanzler Gabriel ihren Rücktritt. Beide werden als maßgebliche Akteure der Flüchtlingskrise identifiziert und geben dem Drängen der übrigen Regierungsmitglieder nach, die argumentieren, ein glaubwürdiger Neustart müsse von einem personellen Neuanfang an der Spitze begleitet werden. Im Geiste des § 67 des Grundgesetzes wird zum gleichen Zeitpunkt mit absoluter Mehrheit ein neuer Bundeskanzler bestimmt: Der dienstälteste Abgeordnete in der Geschichte der Bundesrepublik, der CDU-Politiker Wolfgang Schäuble, der immer schon für eine konservativere Linie stand und beispielsweise den Einsatz des Militärs im Innern befürwortete, wird zum neunten Bundeskanzler der Bundesrepublik Deutschland vereidigt.

Vierundzwanzig Stunden nach seiner Berufung wird Schäuble aktiv: Er ersetzt die meisten Mitglieder seines geerbten Kabinetts. Die frühere Bundeskanzlerin und ihr Stellvertreter werden gebeten, das Land nicht zu verlassen; die jeweiligen Pässe werden eingezogen. Auf Grundlage von Rechtsgutachten aus der Feder der hochangesehenen ehemaligen Verfassungsrichter Udo di Fabio und Hans-Jürgen Papier, die Merkels eigenmächtige Grenzöffnung schon 2015 als fortdauernden Rechtsbruch qualifiziert hatten („Rechtssystem in schwerwiegender Weise deformiert…"), bereitet die Bundesanwaltschaft eine Anklage wegen Amtsmissbrauch und Rechtsbeugung zum Nachteil der Bundesrepublik Deutschland vor.

Für die Parteien Die Grünen und Die Linke wird die Möglichkeit der Überwachung durch den Bundesverfassungsschutz geprüft; Mitglieder der Parteien werden aus sicherheitsrelevanten Ausschüssen und Ämtern entfernt. Als Grundlage reichen bisherige verfassungs- und landesfeindliche Aussagen gewählter Vertreter dieser Parteien völlig aus.

Die Grenzsicherung wird nun durch Kräfte der Bundeswehr unterstützt und Griechenland wird weitreichende Amtshilfe gewährt: Die Auffanglager in Idomeni und andernorts werden mit großzügigen personellen, medizinischen und polizeilichen Kapazitäten verstärkt. Die Bundeswehr entsendet Lazarettschiffe an die griechische Küste, um die Krankenhäuser vor Ort zu entlasten.

Für die hier lebenden Flüchtlinge wird die Meldepflicht verschärft. Wer sich nicht an dem Ort aufhält, der ihm zugewiesen wird, wird abgeschoben und bis zu diesem Zeitpunkt vorsorglich festgesetzt. Bei geringster Straffälligkeit wird ebenfalls abgeschoben – Richtern und Beamten vor Ort wird hier kein Ermessensspielraum mehr zugestanden. Wer als Flüchtling andere Flüchtlinge schikaniert, etwa wegen ihres nichtmuslimischen Glaubens, wird bis zum Zeitpunkt der Abschiebung isoliert untergebracht.

Abschiebungen drohen darüber hinaus, wenn Integrationsbemühungen ausbleiben, etwa weil Sprachkurse nicht wahrgenommen werden. Um die Asylsuchenden sinnvoll zu beschäftigen, werden ihnen niedrigqualifizierte Aufgaben übertragen, etwa die Pflege von Grünanlagen oder die Mithilfe in Alten- und Pflegeeinrichtungen.

Die Entscheidung über den Verbleib in Deutschland wird deutlich beschleunigt – zum Wohle der betroffenen Personen, doch auch zum Wohle der Steuerzahler, die den heute monate- oder mitunter jahrelang andauernden Vorgang bezahlen. Wer nicht bleiben darf, wird bis zum Abschiebezeitpunkt in Gewahrsam genommen, um ein Abtauchen zu verhindern.

Asylsuchenden Männern wird bis auf Weiteres untersagt, auf deutschen öffentlichen Plätzen, auf Festivals oder in Innenstädten mit mehr als drei Personen aufzutreten. Auf diese Weise sollen Mobs verhindert werden. Wenn die Polizei auf größere Gruppen trifft, nimmt sie die Personen in Gewahrsam und nimmt Ermittlungen auf. Für Großereignisse wie Silvester oder den Karneval behält sich die Polizei vor, für einzelne Volksgruppen Ausgangssperren nach Einbruch der Dunkelheit zu verhängen. Damit einhergehende

Ungerechtigkeiten müssen zum Wohle der Bevölkerung in Kauf genommen werden.

Unterdessen bilden die Polizeidienststellen überall im Land Sonderkommissionen zur Bekämpfung der Bandenkriminalität.

Angesichts der überdurchschnittlich häufig durch Osteuropäer durchgeführten Diebstähle (Fahrzeuge, Wohnungseinbrüche) wird auf Grundlage der Notstandsgesetze für einige osteuropäische Länder die Freizügigkeit aufgehoben und die Visumspflicht wieder eingeführt. Der Bundeskanzler verwahrt sich gegen Proteste aus Brüssel, verweist auf den Notstand und droht einen Austritt Deutschlands aus der EU für den Fall an, dass man sich in wesentlichen Fragen der Krise nicht einig wird.

Da die arabischen Clans von Berlin bis Düsseldorf heute schon polizeibekannt sind, geht die Polizei zielgerichtet vor: Die Oberhäupter der Familien und ihre Stellvertreter werden landesweit auch dann verhaftet, wenn gegen sie heute noch keine Verurteilung vorliegt. Dasselbe gilt für die rangniedrigen Mitglieder der Clans, die bereits in der Vergangenheit straffällig geworden sind.

Den Männern werden, soweit es Einwanderer der ersten Generation sind, die Staatsbürgerschaften entzogen; es folgt die Abschiebung. Die verbleibenden Mitglieder werden auf Beobachtungslisten gesetzt. Da die Clans in der Vergangenheit Druck auf Zeugen ausgeübt haben um Verurteilungen zu entgehen, reichen nun begründete Verdachtsmomente der Polizei für Abschiebungen aus – die Clans haben ihrem Gastland den Krieg erklärt und müssen daher mögliche Ungerechtigkeiten in Kauf nehmen. Einem lange gehegten Wunsch von erfahrenen Ermittlern folgend werden Konten eingefroren, bis die einwandfreie Herkunft der Gelder belegt werden kann. Andernfalls werden die konfiszierten Geldmittel dem Staat übereignet.

Den sogenannten „Friedensrichtern" in Migrantenvierteln wird ihre Tätigkeit untersagt. Es herrscht in Deutschland deutsches Recht und jede Person, die Parallelrecht fördert oder anwendet, macht sich strafbar.

Menschen, die nach Erkenntnissen der deutschen Geheimdienste in IS-Gebiet reisen um dort an Kriegshandlungen teilzunehmen, werden bei ihrer Rückkehr umstandslos verhaftet. Die Unschuldsvermutung wird dahingehend eingeschränkt, dass die mutmaßlichen Dschihadisten umgekehrt plausibel glaubhaft machen müssen, mit welcher legalen Begründung sie sich in Syrien oder dem Irak aufgehalten haben. Die Skala der Maßnahmen reicht von täglicher Meldepflicht bei einer nahegelegenen Polizeistation über Fußfesseln bis hin zu Sicherheitsverwahrung bei akuter Gefährdungslage.

Die Bundesrepublik Deutschland ist ein lebensfrohes, interkulturelles und säkulares Land. Die islamische Religionsausübung ist selbstverständlich weiterhin möglich, allerdings in engeren Grenzen als bislang: Es gilt der Grundsatz, dass der christliche Glaube im Zweifel Vorrang vor allen anderen Religionsrichtungen hat. Konkret heißt das: Kirchenglocken ja, Muezzin-Rufe nein. Christliche Symbole in deutschen Klassenzimmern ja, muslimische Symbole nein.

Eine ungleiche Behandlung? Gewiss – dies ist ein christlich geprägtes Land. Begründet wird dies mit dem Schutz der nationalen Identität. Überdies ist die Haltung gerade auch in den Herkunftsländern der arabisch- oder türkischstämmigen Ausländer üblich.

Imame werden in Deutschland nur zugelassen, wenn sie der deutschen Sprache mächtig sind. Sie sind gleichwohl nicht verpflichtet, auf Deutsch zu predigen. Die Ländergeheimdienste behalten extremistische Bestrebungen in Bethäusern und Moscheen im Blick: Wer in den Verdacht gerät, die freiheitlich-demokratische Grundordnung der Bundesrepublik zu untergraben, wird ausgewiesen. Allen aus dem Ausland finanzierten Imamen wird eine Frist von 12 Monaten gelassen, um das Land zu verlassen. Die großzügige Frist ist notwendig, um den Gemeinden Zeit zu geben, Ersatz zu organisieren.

Zur Finanzierung der Gebäude und der Geistlichen dürfen die Moscheen Beiträge bei ihren Gläubigen erheben, die sich am Kirchensteuersatz der christlichen Kirchen orientieren. Moscheen, die mehrfach dadurch auffällig werden, dass sie Hasspredigern oder anderen radikalen Elementen eine Heimat bieten, werden auf Anordnung des jeweiligen Landesinnenministers dauerhaft geschlossen.

Überall dort, wo die islamische Glaubensauslegung mit deutschen Grundwerten in Konflikt gerät, muss sie zurückstehen. Das gilt auch für das Straßenbild: Burkas und Vollverschleierungen als Zeichen des muslimischen Glaubens werden im Westen als Sinnbild für die Unterdrückung der Frau gewertet. Sie sind verboten. Wer hier kein Einsehen hat, wird höflich auf die Möglichkeit hingewiesen, in ein islamisches Land zu emigrieren. Denn Deutschland ist eine Kultur mit christlich-abendländischen Wurzeln.

Ausländische Staatsfonds oder vermögende nichtdeutsche Privatpersonen dürfen künftig nur noch Firmenanteile über einem Schwellenwert von 5 Prozent besitzen, wenn eine zu diesem Zweck zu bildende Kommission beim Bundeswirtschaftsminister dem zugestimmt hat. Die Kommission hat drei Möglichkeiten: Sie kann ein Verbot aussprechen, sie kann die vorbehaltlose Zustimmung aussprechen oder sie kann die Zustimmung unter der Bedingung aussprechen, dass die dann erworbenen Aktien stimmrechtslos sind. So eignen sie sich als Kapitalanlage, ohne jedoch nennenswerten Einfluss zu gewähren.

Linksradikale und rechtsradikale Gewalttäter ließ man in Deutschland schon viel zu lange gewähren. Polizeibekannte Personen beider Lager werden bei besonderen Ereignissen, etwa zum 1. Mai oder zu Fußballspielen mit Ausgangssperren belegt. Wer dennoch bei Demonstrationen aufgegriffen wird, wird mit Freiheitsstrafen nicht unter 3 Jahren bestraft. Wer Steine oder andere Wurfgeschosse auf Polizisten schleudert und dabei identifiziert wird, wird mit Freiheitsstrafen nicht unter 3 Jahren bestraft. Polizeibekannten Hooligans werden vor wichtigen Auslandsspielen die Pässe eingezogen, um das Ansehen Deutschlands in der Welt zu wahren.

Unterdessen arbeitet die Bundesregierung mit Hochdruck an einem modernen Ausländer- und Integrationsrecht. Ziel ist die Balance zwischen unseren christlich-gastfreundlichen Grundwerten einerseits und den berechtigten Interessen zum Schutz unserer Kultur andererseits.

Flüchtlinge die Deutschland künftig erreichen, können mit einer angemessenen medizinischen Erstversorgung rechnen; sie werden nach der vielfach entbehrungsreichen Reise zunächst freundlich aufgenommen und gewissermaßen

„aufgepäppelt". Das entspricht unserem abendländischen Selbstverständnis und unseren finanziellen Möglichkeiten. Gleichwohl wird die weit überwiegende Anzahl der Menschen nicht mit einem dauerhaften Aufenthaltsrecht ausgestattet, sondern innerhalb von spätestens drei Monaten abgeschoben.

Angeführt von Deutschland wird binnen Jahresfrist eine internationale Koalition gebildet, die Schleuserbanden den Krieg erklärt. Massive militärische, nachrichtendienstliche und personelle Ressourcen werden ebenso bereitgestellt, wie Schnellgerichte in Den Haag. Dem Beispiel der USA folgend, wird das Kommando Spezialkräfte (KSK) der Bundeswehr mit der Befugnis ausgestattet, Schleuser im Ausland gefangen zu nehmen.

Es werden jährliche Zuzugskontingente beschlossen, die in den ersten Jahren extrem niedrig ausfallen: Wegen der Flüchtlingskrise 2015/2016 ist man bereits am Rande seiner Möglichkeiten. Entspannung wird dadurch erreicht, dass der weit überwiegenden Mehrheit der in diesen Jahren zu uns geströmten Menschen kein dauerhafter Aufenthaltsstatus gewährt wird. Es wird außerdem künftig erwartet, dass Asylsuchende ihr Begehren in der Regel geordnet über die deutschen Konsulate in ihren Herkunfts- oder Transitländern geltend machen.

Weitgehend uneingeschränkt einreisen dürfen Menschen mit gesuchten Qualifikationen, die den hiesigen Arbeitsmarkt bereichern.

Soweit zu einem Gedankenspiel, das eine tragfähige und schnell umsetzbare politische Linie skizziert. Eine Linie, die einerseits konsequent das Ruder zum Schutze des Landes herumreißt und andererseits keine Härten erfordert, die wirklich unzumutbar wären.

Surreales Wunschdenken? Interessant ist, dass viele wesentliche Details aus dem Gedankenspiel nicht einmal erfunden sind. Gehen wir einige Aspekte der Reihe nach durch:

Es wurden in Frankreich nach den Anschlägen von Paris tatsächlich im Eiltempo Notstandsgesetze verabschiedet und diese sahen wirklich weitreichende Befugnisse für Polizisten und Staatsanwälte vor. Für arabische Terroristen etwa wurde tatsächlich beschlossen, dass Ihnen die Staatsbürgerschaft entzogen werden kann.[69]

Der Einsatz des Militärs im Innern ist ebenfalls kein unerreichbares Wunschszenario. Pragmatische Politiker wie Wolfgang Schäuble fordern das seit Jahren – auch in vielen westlichen Ländern wie etwa Frankreich und den USA werden die Truppen bei Bedarf im Innern eingesetzt.[70]

Dass sich Herkunftsländer mitunter weigern, ihre eigenen Bürger in Empfang zu nehmen, ist leider auch nicht erfunden, auch wenn man das denken sollte. Selbstverständlich stehen Deutschland und Europa Druckmittel zur Verfügung, um diesen Umstand zu ändern.

Auch die genannten ehemaligen Bundesverfassungsrichter haben sich tatsächlich in der genannten Weise geäußert[71] – Udo di Fabio hat auf Betreiben des Freistaates Bayern ein entsprechendes Gutachten angefertigt. Damit hochangesehene Juristen, die einmal die höchsten Funktionen der Judikative innehatten, derart unverblümt die Politik der Exekutive angreifen, muss schon etwas gewaltig schief laufen im Land.

Und die angeblichen Landes- und verfassungsfeindlichen Aussagen grüner Politiker? Im Internet kursieren viele Listen zu deutschlandfeindlichen Aussagen insbesondere grüner Politiker – belegt mit Quellenangaben sind diese Aussagen häufig jedoch nicht. Nichtsdestotrotz lassen sich leicht einige Abgeordnete und prominente Vertreter identifizieren, die sich öffentlich mit unangemessenen Aussagen hervortun:

Der schon einmal zitierte türkischstämmige Politiker Özdemir, ein medial präsentes Mitglied der Grünen Partei, wurde vielfach zitiert mit der Aussage: "*Was unsere Urväter vor den Toren Wiens nicht geschafft haben, werden wir mit unserem Verstand schaffen*".[72]

Bei einer Veranstaltung zum Bau einer Moschee in Frankfurt am Main (Hausen) äußerte sich die „integrationspolitische Sprecherin" der Grünen, eine Frau namens Nargess Eskandari-Grünberg gegenüber kritischen Bürgern dahingehend, dass Frankfurt eben einen Migrantenanteil von 40 Prozent habe und wem das nicht behage, der müsse eben woanders hingehen. Demnach sollen also 60 Prozent wegziehen, damit 40 Prozent sich austoben können – soweit zur Prioritätensetzung dieser spezifischen Politikerin, die hinterher ganz verblüfft war über die vielen Hassbotschaften und Morddrohungen die ihr entgegenschlugen.[73]

Für weltweite Empörung sorgte im Herbst 2015 eine Äußerung der Grünen-Abgeordneten Stefanie Berg im Hamburger Landesparlament, die meinte: *„Unsere Stadt wird sich radikal verändern. Ich bin der Auffassung, dass wir in 20, 30 Jahren gar keine ethnischen Mehrheiten mehr haben werden in unserer Stadt. (…) Und ich sage ihnen auch ganz deutlich (…) das ist gut so!"*[74]

Auch der jugendliche Nachwuchs fällt schon mit deutschfeindlichen Tiraden auf. Für viel Spott und Kopfschütteln sorgte ein Aufruf der Jugendorganisation der Grünen in Rheinland-Pfalz, die anlässlich der Fußball-Europameisterschaft dazu aufforderten, keine Deutschland-Fahne zu schwenken. Damit würde man andere nur ausgrenzen und man solle „Nein" zu Nationalismus sagen. Deutschland dürfte wohl das einzige Land auf dem Planeten sein, in dem man sich unversehens in der rechten Ecke wiederfindet, wenn man die Fußballmannschaft seines eigenen Landes anfeuern möchte.

Vielleicht handelt es sich um ein neues Phänomen und man muss erst beobachten, ob dieser antideutsche Virus sich von alleine ausheilt? Mitnichten. Die aus Bayern stammende grüne Bundestagsabgeordnete Sieglinde Frieß drückte schon vor Jahren, damals anlässlich der Debatte um die Wiedervereinigung, in einer Rede vor dem Deutschen Bundestag eine dezidiert antideutsche Haltung aus, als sie ihren Wunsch äußerte, das Beste wäre für Europa, wenn Frankreich bis an die Elbe reicht und Polen direkt an Frankreich grenzt.

Deutschland gehört also abgeschafft, das war die Botschaft, die eine gewählte deutsche Abgeordnete vor dem Deutschen Bundestag verkündete.[75] Das zeigt, dass diese Geisteshaltung zumindest bei Teilen der Grünen eine lange Tradition hat.

Sind das Belege für antideutsche oder verfassungsfeindliche Tendenzen in der Partei? Kritisch ist wohl weniger, dass einzelne Parlamentarier sich zu derart finsteren Äußerungen hinreißen lassen. Problematisch ist eher, dass die Partei sie gewähren lässt und nicht zur Ordnung ruft. Es fehlt ein gesunder ordnungspolitischer Reflex, der derartige Kräfte aus dem Spiel nimmt und die Partei als Ganzes gegen entsprechende Vorwürfe verwahrt. Angesichts der immer wieder aufflammenden

Forderungen, man möge die AfD vom Verfassungsschutz beobachten lassen, muss man wohl feststellen, dass es größeren Anlass zur Sorge um die Verfassungstreue bei den Grünen gibt.

Auch der Vorschlag, dass Flüchtlinge sinnvoll beschäftigt werden, etwa zur Pflege von Grünanlagen oder zum Bau ihrer eigenen Flüchtlingsunterkünfte, wurde vereinzelt schon unterbreitet – fand aber bislang wenig Gegenliebe.[76] Dabei ist es selbstverständlich nicht zu viel verlangt, wenn die vielen jungen Männer sich einbringen und eine Gegenleistung für die finanzielle Unterstützung bieten, die sie erhalten. Außerdem hilft es ihnen: Sie können auf diesem praktischen Weg erste Berührungspunkte mit der deutschen Arbeitsethik sammeln, entgehen dem Lagerkoller und wenn sie lange genug beschäftigt werden, können sie auch ein erstes Zeugnis für spätere Bewerbungszwecke erhalten.

Ist es sinnvoll, Menschen vorsorglich in Gewahrsam zu nehmen, die abgeschoben werden sollen? Oder doch eher eine übertriebene und restriktive Maßnahme? Der niedersächsische Innenminister Pistorius äußerte sich in einem Zeitungsinterview wie folgt: *„Die freiwillige Ausreise hat natürlich weiter Vorrang vor der Abschiebung. Wir haben aber festgestellt, dass sich viele nach der Ankündigung der Abschiebung durch Untertauchen entziehen.“*

„Nach der Ankündigung“?! Der Status Quo ist also in der Regel: Man informiert abgelehnte Asylbewerber schön rechtzeitig, damit sie auch wirklich genug Zeit haben um unterzutauchen. Das erinnert an Kinder, die Verstecken spielen. Das eine Kind zählt laut und vernehmlich, damit das andere Kind weiß, dass es sich verstecken muss.

Wie steht es um die Aussage, wonach die Freizügigkeit der EU auch erhöhte Diebstähle und Wohnungseinbrüche mit sich bringen? Kriminalforscher gehen von zwei großen Tätergruppen aus. Die eine besteht aus jungen, in der Regel männlichen Drogenabhängigen, die in der Gegend stehlen, in der sie auch leben. Die andere Gruppe stammt aus Ländern Osteuropas und begeht ein Drittel aller landesweit gemeldeten Einbrüche. In Großstädten sind es bis zu 60 Prozent. Die Polizei spricht von professionellen, hochmobilen Banden, die sich zur winterlichen Einbruchsaison irgendwo billig einquartieren und dann wieder zurück über die Grenze flüchten, wenn sie genug Diebesgut zusammengerafft haben.[77]

Über die Finanzierung der Imame hierzulande und das Treiben libanesischer oder kurdischer Clans ist an anderer Stelle schon ausführlich berichtet worden. Ein echter, wehrhafter Rechtsstaat kann derartige Zustände nicht auf Dauer akzeptieren.

Der Wunsch einer liberalen und offenen Gesellschaft, in der Öffentlichkeit nicht mit dem Anblick von Burkas (Vollverschleierung der Frau mit Augenschlitz) behelligt zu werden, ist in Frankreich seit Jahren Recht und Gesetz. Auch der Europäische Gerichtshof für Menschenrechte hat das französische Burkaverbot für rechtens erklärt.[78]

In Deutschland gab es bislang immerhin schon in einzelnen Bundesländern das Kopftuch-Verbot in Schulen für Lehrerinnen, die weltanschaulich neutral aufzutreten haben. Der Deutschlandfunk zitierte die baden-württembergische Ministerin Annette Schavan mit der Äußerung: *"Das Kopftuch als ein auch politisches Symbol ist Teil einer Unterdrückungsgeschichte der Frau und kann für eine Auslegung des Islam im Sinne des politischen Islamismus stehen, die mit dem Grundsatz der Gleichberechtigung von Mann und Frau nicht vereinbar ist.*"

Das Bundesverfassungsgericht hat das Verbot 2015 leider weitgehend gekippt – eine neue und umfassendere Rechtsgrundlage muss also her und wenn dafür die Verfassung modifiziert werden muss, dann ist das nicht zu viel verlangt: Das Grundgesetz hat seit 1959 insgesamt 52 Änderungen erfahren; da bringt uns die 53. Änderung auch nicht aus dem Gleichgewicht.

Und schließlich sind auch die Ideen zu jährlichen Zuzugskontingenten keine rechtsgerichteten Hirngespinste, sondern eine längst diskutierte Forderung der Realisten aller Parteien, die damit dem Vorbild anderer westlicher Industriestaaten folgen.

Soweit zu den realen Vorlagen für das obige Gedankenspiel. Entscheidend ist, ob die bisherige Zaghaftigkeit einer grimmigen Entschlossenheit weichen kann, bevor der Point of no Return erreicht ist – der Punkt, an dem wir uns unserem Schicksal fügen müssen, weil ein Umkehren nicht mehr möglich ist.

Die Situation ist wohl recht gut mit der eines Autos zu vergleichen, das auf regennasser Fahrbahn ins Schleudern gerät. Wenn der Fahrzeugführer merkt, dass das Fahrzeug nach links auszubrechen droht, so kann er den Crash nicht mit einem moderaten, zaghaften Gegenlenken vermeiden. Vielmehr ist ein entschlossenes aber kurzes *Übersteuern* nach rechts notwendig, um das Fahrzeug einzufangen und wieder auf die gerade Fahrbahn zu bringen.

Deutschland ist dieses nach links ausbrechende Fahrzeug und wir steuern auf nicht weniger als einen kulturellen Crash hin. Ein kurzes, zeitlich befristetes und kontrolliertes Übersteuern nach rechts, welches in normalen Zeiten von der überwiegenden Mehrheit der Deutschen abgelehnt würde, ist nun das Gebot der

Stunde. Haben wir einen solchen Fahrzeugführer im Land? Das deutet sich gegenwärtig noch nicht an.

6 Die Türken vor Wien

Am 7. Juli 1683 wurden sich die Einwohner Wiens erstmals der akuten Gefahr bewusst, die scheinbar unaufhaltsam aus dem Osten heran nahte. An jenem Tag verließen der Habsburger Kaiser Leopold I. und die kaiserliche Familie die Stadt und zogen nach Linz und Passau um die Bildung eines Befreiungsheeres zu mobilisieren. Etwa 80.000 Einwohner folgten dem Beispiel ihres Herrschers.

Ein gewaltiges Türkenheer rückte an, um das Land der Christen zu erobern: Großwesir Kara Mustafa Pascha marschierte mit etwa 150.000 bis 160.000 Mann durch Ungarn und sollte schon bald vor den Toren Wiens stehen. Dort standen gerade mal 15.000 Mann zur Verteidigung bereit und so schien es mehr als ungewiss, ob diese große, symbolträchtige Stadt mit seiner strategisch wichtigen Lage am Schnittpunkt zweier wichtiger Handelswege (Donau und Bernsteinstraße) dem Ansturm der Muslime gewachsen sein würde, statt dem Osmanischen Reich einverleibt zu werden.

Der „Goldene Apfel“, wie die Osmanen die Residenzstadt des römisch-deutschen Kaisers zu jener Zeit nannten, war zum Greifen nah. Das Heilige Römische Reich war nach dem entbehrungsreichen Dreißigjährigen Krieg nach wie vor geschwächt und teilweise zerrüttet; eine Pestepidemie tat ihr Übriges – das Timing war ausgezeichnet.

Doch Wien hatte schon einmal 150 Jahre zuvor eine Türkenbelagerung erlebt und nun vorgesorgt. Zwölf robuste und sich gegenseitig flankierende Bastionen schützten den Stadtkern nach den damals modernsten Standards des Festungsbaus.

Wichtiger noch: Es konnten christliche Verbündete aus Polen und dem Deutschen Reich gewonnen werden, um den Belagerungsring zu sprengen.

Als der türkische Schlächter am 14. Juli die Stadt erreichte, hatte er bereits eine Spur der Verwüstung durch Niederösterreich geschlagen. Brandschatzungen, Morde, Vergewaltigungen und Plünderungen – die Bevölkerung der „Ungläubigen" wurde von den heranrückenden Horden auf das Äußerste malträtiert. Wer nicht getötet wurde, wurde verschleppt. Die „Blutgasse zum Fischertor" in Hainburg an der Donau erinnert noch heute an die Verschleppung und Ermordung von etwa 90 Prozent der Hainburger Bevölkerung nach der Eroberung der kleinen Stadt am 12. Juli 1683.

Vor Wien angekommen, biss sich das türkische Heer an den Stadtmauern zunächst die Zähne aus; einzig eine Kombination aus Tunnelgrabungen und Sprengungen brachte nach einiger Zeit Erfolge, als Teile der Stadtmauern nachgaben.

Die Kämpfe zogen sich bis Anfang September hin und Wiens kleines, feines Heer unter Stadtkommandant Ernst Rüdiger von Starhemberg hatte schwer zu kämpfen. In der Stadt begann sich eine Ruhrepidemie auszubreiten und die Vorräte an Munition und Nahrungsmitteln mussten immer stärker rationiert werden. Preiswucher griff um sich und konnte von der Stadtregierung nur unter Androhung schwerer Strafen eingedämmt werden. Der Schwarzhandel blühte. Jeder halbwegs wehrtaugliche Mann wurde eingezogen. Wer sich weigerte, wurde mit dem Tod bedroht.

Wien stand kurz vor dem Fall.

Dann, am 12. September, die Wende. Nördlich von Wien hatte sich am Kahlenberg, sozusagen hinter Großwesir Mustafas Rücken, eine mächtige internationale Streitmacht aus christlichen verbündeten Staaten gebildet. Zu Karl von Lothringens 21.000 Mann gesellten sich 24.000 Mann aus Polen, 10.000 Mann aus Bayern, 9.000 aus Sachsen und 4.000 aus Brandenburg. Mit kleineren Kontingenten waren Venedig, Schwaben, Baden und Oberhessen mit von der Partie.

Als die etwa 70.000 Soldaten auf dem Gebiet des Stadtteils Währing zum Angriff bliesen, angeführt von polnischen Panzerreitern und unterstützt von den noch intakten schweren Kanonen Wiens, blieb den Türken nur der Rückzug übrig. Historiker sprechen heute eher von einer überstürzten Flucht als von einem geordneten Rückzug.

Das siegreiche Heer des Heiligen Römischen Reiches sandte die erbeutete Fahne des Propheten Mohammed an Papst Innozenz den XI mit den Worten: Wir kamen, wir schauten, Gott hat gesiegt – *Venimus, vidimus, Deus vincit*. Damit war die zweite und bis dahin letzte türkische Belagerung Wiens zuungunsten der Aggressoren entschieden worden und die Türken, die zwei bis drei Mal so viele Verluste zu beklagen hatten wie ihre christlichen Widersacher, leckten ihre Wunden.

Heute, mehr als dreihundert Jahre später, bedroht abermals eine islamische Großmacht unseren Kulturraum. Weniger offensiv diesmal, dafür vielleicht wirksamer. Die Macht greift in der Neuzeit von Innen und Außen zugleich an. Özdemir, ein Mitglied der Grünen Partei meinte: "*Was unsere Urväter vor den Toren Wiens nicht geschafft haben, werden wir mit unserem Verstand schaffen*“. Özdemir, dem Pass nach Deutscher, wurde nicht etwa wegen Landesverrats aus der Partei ausgeschlossen, sondern hält sich weiterhin in führenden Ämtern seiner Partei.

Es ist dem früheren CDU- und heutigen AfD-Politiker Alexander Gauland Recht zu geben, der es ablehnt, in einer muslimischen Gesellschaft zu leben und äußerte: *„Dafür haben wir schließlich 1683 die Türken vor Wien aufgehalten“*.

Dabei ist Gauland kein Mann der schrillen Töne, auch wenn eine Möchtegern-Qualitätszeitung sämtliche Standards beugte und nicht genehmigte Zitate abdruckte um das Gegenteil zu beweisen.

Gauland sagte der Wochenzeitung Die ZEIT: *„Ich glaube einfach, dass der Islam in seiner heutigen Form nicht integrierbar ist in eine westliche Gesellschaft, viele Einzelne schon, der Islam nicht“*.

Deutschland steht heute vor einer historischen Situation. Der Moment, zu dem ein Umsteuern still und milde hätte erfolgen können, ist seit Jahren schon – spätestens aber seit 2015 – vorübergezogen. Nachdem die Regierung Merkel in schier atemberaubender Weise versagt hat wie keine Regierung der Bundesrepublik zuvor, liegt es nun an uns – dem Souverän – ein Zeichen zu setzen.

Im Herbst 2017 sind Neuwahlen – nutzen wir sie!

7 Zum Nachlesen: Weiterführende Texte und Studien

I Resolution zum Völkermord an den Armeniern durch das Osmanische Reich im Wortlaut (wichtige Auszüge).

I. Der Deutsche Bundestag stellt fest:

Der Deutsche Bundestag verneigt sich vor den Opfern der Vertreibungen und Massaker an den Armeniern und anderen christlichen Minderheiten des Osmanischen Reichs, die vor über hundert Jahren ihren Anfang nahmen. Er beklagt die Taten der damaligen jungtürkischen Regierung, die zur fast vollständigen Vernichtung der Armenier im Osmanischen Reich geführt haben. Ebenso waren Angehörige anderer christlicher Volksgruppen, insbesondere aramäisch/assyrische und chaldäische Christen von Deportationen und Massakern betroffen.

Im Auftrag des damaligen jungtürkischen Regimes begann am 24. April 1915 im osmanischen Konstantinopel die planmäßige Vertreibung und Vernichtung von über einer Million ethnischer Armenier. Ihr Schicksal steht beispielhaft für die Geschichte der Massenvernichtungen, der ethnischen Säuberungen, der Vertreibungen, ja der Völkermorde, von denen das 20. Jahrhundert auf so schreckliche Weise gezeichnet ist. Dabei wissen wir um die Einzigartigkeit des Holocaust, für den Deutschland Schuld und Verantwortung trägt.

Der Bundestag bedauert die unrühmliche Rolle des Deutschen Reiches, das als militärischer Hauptverbündeter des Osmanischen Reichs trotz eindeutiger Informationen auch von Seiten deutscher Diplomaten und Missionare über die organisierte Vertreibung und Vernichtung der Armenier nicht versucht hat, diese Verbrechen gegen die Menschlichkeit zu stoppen. Das Gedenken des Deutschen Bundestages ist auch Ausdruck besonderen Respektes vor der wohl ältesten christlichen Nation der Erde.

(...)

Der Bundestag bekennt sich zur besonderen historischen Verantwortung Deutschlands.

Dazu gehört, Türken und Armenier dabei zu unterstützen, über die Gräben der Vergangenheit hinweg nach Wegen der Versöhnung und Verständigung zu suchen. Dieser Versöhnungsprozess ist in den vergangenen Jahren ins Stocken geraten und bedarf dringend neuer Impulse.

Der Deutsche Bundestag ehrt mit seinem Gedenken an die unvorstellbar grausamen Verbrechen nicht nur deren Opfer, sondern auch all diejenigen im Osmanischen Reich und im Deutschen Reich, die sich vor über hundert Jahren unter schwierigen Umständen und gegen den Widerstand ihrer jeweiligen Regierung in vielfältiger Weise für die Rettung von armenischen Frauen, Kindern und Männern eingesetzt haben.

Heute kommt schulischer, universitärer und politischer Bildung in Deutschland die Aufgabe zu, die Aufarbeitung der Vertreibung und Vernichtung der Armenier als Teil der Aufarbeitung der Geschichte ethnischer Konflikte im 20. Jahrhundert in den Lehrplänen und -materialien aufzugreifen und nachfolgenden Generationen zu vermitteln. Dabei kommt insbesondere den Bundesländern eine wichtige Rolle zu.

Der Deutsche Bundestag ist der Ansicht, dass das Gedenken an die Opfer der Massaker und Vertreibungen der Armenier unter Berücksichtigung der deutschen Rolle einschließlich seiner Vermittlung an Mitbürgerinnen und Mitbürger türkischer und armenischer Herkunft auch einen Beitrag zur Integration und zum friedlichen Miteinander darstellt.

Der Deutsche Bundestag begrüßt die Zunahme von Initiativen und Beiträgen in den Bereichen von Wissenschaft, Zivilgesellschaft, Kunst und Kultur auch in der Türkei, welche die Aufarbeitung der Verbrechen an den Armeniern und die Versöhnung zwischen Armeniern und Türken zum Ziel haben.

(...)

Die eigene historische Erfahrung Deutschlands zeigt, wie schwierig es für eine Gesellschaft ist, die dunklen Kapitel der eigenen Vergangenheit aufzuarbeiten.

Dennoch ist eine ehrliche Aufarbeitung der Geschichte die wohl wichtigste Grundlage für Versöhnung sowohl innerhalb der Gesellschaft als auch mit anderen.

Es ist dabei zu unterscheiden zwischen der Schuld der Täter und der Verantwortung der heute Lebenden. Das Gedenken an die Vergangenheit mahnt uns außerdem, wachsam zu bleiben und zu verhindern, dass Hass und Vernichtung immer wieder Menschen und Völker bedrohen.

Der Deutsche Bundestag nimmt die seit 2005 unternommenen Versuche von Vertretern Armeniens und der Türkei wahr, in Fragen des Erinnerns und der Normalisierung der zwischenstaatlichen Beziehungen aufeinander zuzugehen. Das Verhältnis beider Staaten ist jedoch weiterhin spannungsreich und von gegenseitigem Misstrauen geprägt. Deutschland sollte Türken und Armenier dabei unterstützen, sich anzunähern. Eine konstruktive Aufarbeitung der Geschichte ist dabei als Basis für eine Verständigung in Gegenwart und Zukunft unerlässlich.

Eine Entspannung und Normalisierung der Beziehungen zwischen der Republik Türkei und der Republik Armenien ist auch für die Stabilisierung der Region des Kaukasus wichtig.

Deutschland sieht sich dabei im Rahmen der EU-Nachbarschaftspolitik aufgrund seiner geschichtlichen Rolle in den deutsch-armenisch-türkischen Beziehungen in einer besonderen Verantwortung.

II. Der Deutsche Bundestag fordert die Bundesregierung auf:

im Geiste der Debatte des Deutschen Bundestags vom 24. April 2015 zum 100. Jahrestag weiterhin zu einer breiten öffentlichen Auseinandersetzung mit der Vertreibung und fast vollständigen Vernichtung der Armenier 1915/1916 sowie der Rolle des Deutschen Reiches beizutragen,

die türkische Seite zu ermutigen, sich mit den damaligen Vertreibungen und Massakern offen auseinanderzusetzen, um damit den notwendigen Grundstein zu einer Versöhnung mit dem armenischen Volk zu legen,

sich weiterhin dafür einzusetzen, dass zwischen Türken und Armeniern durch die Aufarbeitung von Vergangenheit Annäherung, Versöhnung und Verzeihen historischer Schuld erreicht wird,

weiterhin wissenschaftliche, zivilgesellschaftliche und kulturelle Aktivitäten in der Türkei und in Armenien zu unterstützen und im Rahmen verfügbarer Haushaltsmittel zu fördern, die dem Austausch und der Annäherung sowie der Aufarbeitung der Geschichte zwischen Türken und Armeniern dienen,

eine Aufarbeitung der historischen Ereignisse durch die Türkei und Armenien als ersten Schritt zur Versöhnung und zur längst überfälligen Verbesserung der türkisch-armenischen Beziehungen aktiv zu unterstützen, z.B. durch Stipendien für Wissenschaftlerinnen und Wissenschaftler oder Unterstützung zivilgesellschaftlicher Kräfte aus beiden Ländern, die sich für Aufarbeitung und Versöhnung engagieren,

türkische und armenische Regierungsvertreter zu ermutigen, den derzeit stagnierenden Normalisierungsprozess der zwischenstaatlichen Beziehungen beider Länder fortzuführen,

sich gegenüber der türkischen und der armenischen Regierung für die Ratifizierung der 2009 unterzeichneten Zürcher Protokolle einzusetzen, die eine Kommission zur wissenschaftlichen Untersuchung der Geschichte, die Wiederaufnahme diplomatischer Beziehungen und die Öffnung der gemeinsamen Grenze vorsehen,

dafür einzutreten, dass die in jüngster Zeit begonnene Pflege des armenischen Kulturerbes in der Republik Türkei fortgesetzt und intensiviert wird,

im Rahmen finanzieller Möglichkeiten auch weiterhin innerhalb Deutschlands Initiativen und Projekte in Wissenschaft, Zivilgesellschaft und Kultur zu fördern, die eine

Auseinandersetzung mit den Geschehnissen von 1915/1916 zum Thema haben.

Berlin, 2016

II Offizielle Pressemitteilung, die am Neujahrstag um 8:57 Uhr durch die Pressestelle der Polizei Köln erfolgte

(Anmerkung: Siehe insbesondere letzter Absatz)

Die Polizei Köln zieht Bilanz

Wie im Vorjahr verliefen die meisten Silvesterfeierlichkeiten auf den Rheinbrücken, in der Kölner Innenstadt und in Leverkusen friedlich. Die Polizisten schritten hauptsächlich bei Körperverletzungsdelikten und Ruhestörungen ein.

Von Donnerstagabend (31. Dezember) 18 Uhr bis heute Morgen (1. Januar) um 6 Uhr sprachen die Einsatzkräfte im Stadtgebiet Köln 94, in Leverkusen zwei Platzverweise aus. Bislang gingen bei der Polizei 20 Anzeigen zu Sachbeschädigungen ein (Vorjahr: 25). Im Vergleich zum letzten Jahr stieg die Zahl der Körperverletzungsdelikte von 78 in Köln leicht an. 80 Mal wurde die Polizei tätig. In Leverkusen verzeichneten die Beamten 4 Straftaten dieser Art (Vorjahr: 5). Die Zahl der gemeldeten Ruhestörungen stieg im Vergleich zum Vorjahr (76, davon 8 in Leverkusen) an. Bis 6 Uhr schritten die Polizisten in 80 Fällen, davon 7 in Leverkusen gegen zu lautes Feiern ein.

Kurz vor Mitternacht musste der Bahnhofsvorplatz im Bereich des Treppenaufgangs zum Dom durch Uniformierte geräumt werden. Um eine Massenpanik durch Zünden von pyrotechnischer Munition bei den circa 1000 Feiernden zu verhindern, begannen die Beamten kurzfristig die Platzfläche zu räumen. Trotz der ungeplanten Feierpause gestaltete sich die Einsatzlage entspannt - auch weil die Polizei sich an neuralgischen Orten gut aufgestellt und präsent zeigte. (st)

Polizeipräsidium Köln
Pressestelle
e-Mail: pressestelle.koeln(at)polizei.nrw.de

III. Auszüge aus den aktuellen Berichten der Sicherheitsdienste zu Links- und Rechtsextremismus

Auszüge aus dem Bericht zum Linksextremismus 2016 (Siehe Downloadbereich der Website des BfV):

Seit der formalen Auflösung der linksterroristischen „Roten Armee Fraktion“ (RAF) im Jahr 1998 gab es in Deutschland keine weiteren Todesopfer durch linksextremistische Anschläge. Die hohe Aggressionsbereitschaft im gewaltorientierten Linksextremismus besteht aber weiterhin fort. Angehörige der Szene verüben immer wieder Gewalttaten bis hin zu schwersten Körperverletzungen oder versuchten Tötungsdelikten.

Derzeit beherrschen interne Debatten zur Frage der besseren Anschlussfähigkeit an gesamtgesellschaftliche Diskussionen die linksextremistische Szene. Um den eigenen Einfluss zu erhöhen, plädiert ein stärker politisch und strategisch denkender Teil der autonomen Aktivisten dafür, die eigene Organisationsferne zu reduzieren, um kampagnefähige Themen wie „Repression“, „Überwachungsstaat“, Flüchtlings- und Asyldiskussionen, Rechtsextremismus und Rechtspopulismus sowie die in Teilen der EU herrschende Schulden-, Wirtschafts- und Finanzkrise für die Anliegen der Szene stärker nutzen zu können.

Hierbei tritt vor allem die Überlegung in den Vordergrund, auch szeneextern unter Nichtextremisten mehr Akzeptanz – und dadurch neue Bündnispartner – zu gewinnen, ohne dabei der Anwendung von Gewalt grundsätzlich abschwören zu müssen.

Unter dem äußeren Eindruck des demokratischen Aufbegehrens geht es den Verfechtern einer derartigen Zielsetzung insbesondere darum, einerseits legitime Proteste zu radikalisieren – und so für linksextremistische Zwecke zu instrumentalisieren –, andererseits Kräfte zu bündeln, um da durch die eigene Kampagne- und Politikfähigkeit zu erhöhen. Die Auseinandersetzung mit dem Linksextremismus gehört deshalb nach wie vor zu einer Kernaufgabe der Sicherheitsbehörden.

Auszüge aus dem Bericht zum rechtsextremen Personenpotenzial 2014 (Siehe Downloadbereich der Website des BfV):

Das Personenpotenzial der gewaltorientierten Rechtsextremisten beträgt bundesweit 10.500 Personen. Bis 2013 wurde bei der Darstellung des Personenpotenzials ausschließlich die Anzahl der gewaltbereiten Rechtsextremisten ausgewiesen. Ab 2014 wird nunmehr die Anzahl gewaltorientierter Rechtsextremisten angegeben, in der die Zahl der gewaltbereiten Rechtsextremisten als Teilmenge enthalten ist.

Die Zahl der subkulturell geprägten Rechtsextremisten ist 2014 erneut leicht zurückgegangen und beträgt nunmehr 7.200 Personen.

Nach einem stetigen Wachstum bis 2011 bzw. daran anschließender Stagnation ist seit 2013 auch die Zahl des neonazistischen Personenpotenzials leicht rückläufig. 2014 umfasste die neonazistische Szene bundesweit etwa 5.600 Personen.

(Diese Zahlen dürften angesichts der Flüchtlingskrise nicht mehr aktuell sein, da die Krise mutmaßlich zu einer rechtsextremen Politisierung vieler Menschen geführt haben dürfte).

IV Auszüge aus dem Bericht zum Islamischen Staat 2015 (Siehe Downloadbereich der Website des BfV):

Auswirkungen auf die salafistische Szene in Deutschland Inzwischen fordern auch deutsche Kämpfer des IS zur Begehung von Straftaten in Deutschland auf. Derartige Appelle richten sich vor allem an die salafistische Szene, die zu Gewalttaten gegen vermeintliche „Ungläubige" motiviert werden soll. Dieses Vorgehen entspricht dem seit mehreren Jahren propagierten Konzept des „individuellen Jihad". Deutsche Jihadisten veröffentlichen ihre Propaganda überwiegend dezentral über soziale Netzwerke oder Videoplattformen. Die etablierten arabischsprachigen jihadistischen Internetforen spielen aktuell nur noch eine untergeordnete Rolle, da soziale Netzwerke eine fast uneingeschränkte Verbreitung einschlägiger Inhalte erlauben. Dort bietet sich für jeden die Möglichkeit, als sein eigener Propagandaproduzent aufzutreten und seine persönlichen Eindrücke aus dem Jihad in Echtzeit weiterzugeben.

Gefährdung durch Rückkehrer Personen, die ein terroristisches Ausbildungslager absolviert beziehungsweise aktiv an Kampfhandlungen in Syrien oder im Irak teilgenommen haben, stellen bei ihrer Rückkehr ein erhebliches Sicherheitsrisiko für unseren Staat und seine Bürger dar. Ihre in den Kampfgebieten erworbenen Fähigkeiten sowie eine mögliche Brutalisierung durch exzessiv erlebte Gewalt, kann als Motivationsgrundlage für die Planung und Durchführung von Anschlägen dienen. Innerhalb der salafistischen Szene gelten derartige Rückkehrer zudem oftmals als Vorbilder, die andere Szeneangehörige zur Ausreise in den Jihad animieren können.

Maßnahmen Die deutschen Sicherheitsbehörden versuchen, Planungen zur Ausreise und zur Beteiligung an Kampfhandlungen durch folgende Maßnahmen möglichst frühzeitig zu verhindern: Ausreiseuntersagung / Entzug des Reisepasses / Beschränkung der Gültigkeit des Personalausweises / auf Deutschland Ausschreibungen zur Grenzfahndung.

Kann die Ausreise einer Person nicht verhindert werden, sind die Sicherheitsbehörden bemüht, eine eventuelle Rückreise möglichst frühzeitig zu erkennen. Die enge Abstimmung auf nationaler und internationaler Ebene ist hierbei von besonderer Bedeutung.

V Ausgewählte Passagen aus dem Parteiprogramm der Grünen vs. Dem Parteiprogramm der AfD

Die Grünen – Grundsatzprogramm (Auszüge)

Weltweit wachsen die Migrationsströme – bedingt durch wirtschaftliche und kulturelle Umbrüche, kriegerische Konflikte und ökologische Krisen. Internationale Strukturpolitik muss sich dieser Entwicklung stellen. Europa kann sich nicht als Wohlstandsinsel gegen die übrige Welt abschotten. Nicht zuletzt aus demografischen Gründen sind die europäischen Gesellschaften auf Zuwanderung angewiesen.

Aus historischen und humanitären Gründen verteidigen wir gleichzeitig das individuelle Grundrecht auf Asyl. Einwanderung ist eine produktive Kraft. Unser Land, früher jahrhundertelang ein Auswanderungsland, ist faktisch längst zum Einwanderungsland geworden. Einwanderung erfordert auch gleichberechtigte politische, soziale und kulturelle Teilhabe von Migrantinnen und Migranten.

Der Umgang mit Neuankömmlingen und Fremden ist ein Gradmesser für die Offenheit unserer Gesellschaft. Unser Leitbild ist das gleichberechtigte Zusammenleben von Menschen unterschiedlicher Herkunft bei Anerkennung ihrer kulturellen Vielfalt. Dafür setzt unsere Verfassung den politischen Rahmen.

(...) Die Integration von Migrantinnen und Migranten in das gesellschaftliche und politische Leben gehört zu den noch uneingelösten Versprechen unserer Demokratie. Dies zu ändern, ist ein Kernanliegen unserer Politik. (...) Eine multikulturelle Gesellschaft hat eine positive Dimension, weil sie die selbstverständliche kulturelle Freiheit jedes Einzelnen bekräftigt, eine Differenzierung zulässt und sich abgrenzt – beispielsweise zu der Idee einer deutschen Leitkultur, die zur Assimilation und Unterordnung verpflichten will.

Alternative für Deutschland (AfD) – Grundsatzprogramm

(...) Dabei hat sich in den vergangenen Jahren gezeigt, dass insbesondere muslimische Migranten in Deutschland nur ein unterdurchschnittliches Bildungsund Beschäftigungsniveau erreichen. Dass die Geburtenrate unter Migranten mit mehr als 1,8 Kindern deutlich höher liegt als unter deutschstämmigen Frauen, verstärkt den ethnisch-kulturellen Wandel der Bevölkerungsstruktur.

Der Versuch, diese Entwicklungen über noch mehr Einwanderung zu kompensieren, birgt durch mangelnde Integration und Kettenmigration insbesondere in den großen Städten die Gefahr, dass sich weitere Parallelgesellschaften bilden. Durch das sich Ausbreiten der konfliktträchtigen Multi-Minoritätengesellschaften erodieren der soziale Zusammenhalt, das gegenseitige Vertrauen und die öffentliche Sicherheit als unverzichtbare Elemente eines stabilen Gemeinwesens. Der durchschnittliche Bildungsstand wird weiter sinken.

(...) Die AfD will das individuelle Asylgrundrecht durch die grundgesetzliche Gewährleistung eines Asylgesetzes (institutionelle Garantie) ersetzen. Die Genfer Konvention von 1951 und andere, veraltete supra- und internationale Abkommen sind an die globalisierte Gegenwart mit ihren weltweiten Massenmigrationen anzupassen. Das Asylrecht darf nicht länger als ein Vehikel der Masseneinwanderung missbraucht werden.

Die Entscheider des Bundesamts für Migration und Flüchtlinge mussten seit Ende 2014 die Pauschalanerkennung ganzer Volksgruppen vornehmen, anstatt Einzelentscheidungen zu treffen. Nachprüfungen von Identität, Herkunft, Staatsangehörigkeit usw. fanden nicht statt, was zum Missbrauch geradezu einlädt. Die Entscheider müssen wieder unabhängig von Weisungen werden, wie dies bis 2002 der Fall war. Nur so lässt sich ihre politische Instrumentalisierung zur Steuerung der Anerkennungsquote verhindern.

Auch die Lebensbedingungen in heimatnahen Flüchtlingslagern in Folge von Kriegen müssen auf einem Niveau gehalten werden, das eine Weiterwanderung überflüssig macht. Mit einem Bruchteil der Finanzmittel, die wir für die Bewältigung der irregulären Migration im Inland aufwenden müssen, können wir ungleich mehr Menschen vor Ort helfen, und den Auswanderungsdruck dort vermindern. (...) Sie fordert, das Abschieberecht zu ertüchtigen, zu vereinfachen und es konsequent anzuwenden; wo dies nicht geschieht, hat die Rechts-und Fachaufsicht des Bundes sofort einzugreifen.

„Einigkeit und Recht und Freiheit
für das deutsche Vaterland!
Danach lasst uns alle streben
brüderlich mit Herz und Hand!
Einigkeit und Recht und Freiheit
sind des Glückes Unterpfand:
Blüh im Glanze dieses Glückes,
blühe, deutsches Vaterland!"

Die Deutsche Nationalhymne.

(Entnommen aus der dritten Strophe des Gedichts „Das Lied der Deutschen" von August Heinrich Hoffmann von Fallersleben)

Zum Autor

Der Autor lebt als freier Publizist mit seiner Familie in Hamburg. Er ist ein Querdenker, der auch unangenehme Wahrheiten ausspricht und dabei stets bemüht ist, zutreffende Argumente auf beiden Seiten anzuerkennen.

Michael Berlach hat zu sozialwissenschaftlichen Zusammenhängen promoviert und arbeitet im Hauptberuf im Management eines mittelständischen Unternehmens.

Mit seinem Buch „WIR SCHAFFEN DAS NICHT" legte er bereits 2015 eine erste Analyse der deutschen Flüchtlingspolitik vor.

Über Zuschriften unter der Adresse michael.berlach.autor@gmail.com freut sich der Autor und antwortet auch gerne. Er bittet angesichts sehr vieler Zuschriften jedoch um Verständnis, dass sich mitunter einige Wochen Rückstau im Beantworten meiner Mails ergeben.

Impressum

 Für Anregungen, Interviews und Hinweise wenden Sie sich bitte an

michael.berlach.autor@gmail.com

Rezensionen, Hinweise und Anregungen auf Amazon und andernorts sind vom Autor gerne erwünscht. Vielen Dank für Ihr Interesse!

R: 236 W. p. S. / „4,25 x 7“ (10,795 x 17,78 cm)

MGJV - Juni 2016

**** Klappentext ****

Deutschland im Kulturkrieg

Die Flüchtlingskrise weitete sich in Deutschland zur Staatskrise aus, als die deutsche Bundeskanzlerin 2015 die Staatsgrenzen für Null und Nichtig erklärte.

Mit Beginn dieser Krise verlor Deutschland erstmals seine politische Mitte. Es gab nur noch rechts gegen links, Wutbürger gegen Multikultis; ein abwägendes „sowohl als auch“ wurde von keiner Seite mehr akzeptiert. Der Riss geht bis heute quer durch das Land und spaltet Freunde und Verwandte.

Wir befinden uns nüchtern betrachtet in einem Kulturkrieg mit ungewissem Ausgang. Begleitet wird dieser Konflikt von einer nie dagewesenen Vertrauenskrise. Nie zuvor hegten große Teile der Bevölkerung ein solches Maß an Misstrauen gegen ihre Regierung, die Medien und die Funktionsfähigkeit des Rechtsstaats.

Umfassend analysiert Michael Berlach die gegenwärtige Staatskrise und benennt die Faktoren, die Deutschland schon in wenigen Jahren zu einem Vorposten der islamischen Welt in Europa werden lassen, wenn wir nicht umsteuern. Eine aggressiv expandierende muslimische Diaspora, die sich politisch formiert und aus der Türkei, Saudi-Arabien und anderen Ländern gestützt wird, hat das Potenzial, die christlich-abendländische Kultur hierzulande schon in wenigen Jahren zu überlagern und gegen eigene Wertvorstellungen auszutauschen.

proof

lebecq, Michel: Unterwerfung. DuMont Verlag, Köln, 2015

/www.dumont-buchverlag.de/buch/houellebecq-unterwerfung-9783832197957/

/www.dailymail.co.uk/news/article-3440911/Trump-lays-Merkel-s-tragic-mistake-surge-migrants-warns-crisis-
end-Europe.html

//www.generalbundesanwalt.de/de/showpress.php?newsid=607

/www.zeit.de/news/2015-09/02/deutschland-maassen-warnt-vor-rechtsterrorismus-wegen-hetze-gegen-
inge-02093202

//youtu.be/k-KaFRbdXMI

//www.gruene.de/themen/soziale-gerechtigkeit/einwanderung-integration-und-asylpolitik.html

/www.tagesspiegel.de/politik/us-praesident-in-hannover-obama-merkel-ist-auf-der-richtigen-seite-der-
:hte/13493052.html

/www.augsburger-allgemeine.de/politik/Das-sagt-Claudia-Roth-zu-den-sexuellen-Uebergriffen-in-Koeln-
6517.html

hl der Ausländer in Deutschland nach Herkunftsland in 2015 gem. Ausländerzentralregister zum 31. Dezember
Quelle: statista.com

/www.berlin-institut.org/fileadmin/user_upload/Zuwanderung/Integration_RZ_online.pdf

//www.nytimes.com/2012/12/20/opinion/asians-too-smart-for-their-own-good.html?_r=0

//www.welt.de/print-welt/article366503/In-den-Grossstaedten-werden-sich-die-Deutschen-integrieren-
en.html

Ceylan: Ethnische Kolonien. Entstehung, Funktion und Wandel am Beispiel türkischer Moscheen und Cafés,

://www.bpb.de/apuz/32425/radikalisierung-von-europaeischen-muslimen-radikalisierungsprozesse-in-der-
ra?p=all

en, A. / Polat, A: Soziale Netzwerke türkischer Migranten, 2006

://www.welt.de/debatte/kommentare/article155260658/Muslimische-Migranten-muessen-sich-besser-
sen.html

ensky in Die verkauten Bräute. Türkische Frauen zwischen Kreuzberg und Anatolien, 1978.

Beispiel Leibold u.a. in Abschottung von Muslimen durch generalisierte Islamkritik? 2006

://www.bka.de/DE/Publikationen/PolizeilicheKriminalstatistik/pks__node.html

://www.bz-berlin.de/berlin/hier-wohnen-berlins-junge-intensivtaeter

://www.welt.de/print/wams/politik/article154174832/Macht-mit.html

[23] http://www.faz.net/aktuell/politik/inland/gibt-es-rechtsfreie-raeume-in-deutschland-14000167.html

[24] Rohe / Jaraba; Gutachten im Auftrag des Landes Berlin. https://www.berlin.de/sen/justv/presse/pressemitteilungen/2015/pressemitteilung.419467.php

[25] http://www.boeckler.de/40940_40953.htm

[26] https://www.boell.de/de/node/277286

[27] https://www.verfassungsschutz.de/de/oeffentlichkeitsarbeit/publikationen/pb-auslaenderextremismus

[28] Sinn, H.W.: EU-Erweiterung und Arbeitskräfteintegration. Ifo_Beiträge 2001

[29] Berlach, Michael: Wir schaffen das NICHT! Warum Deutschland in der Flüchtlingskrise jetzt umsteuern muss, 2

[30] http://www.noz.de/deutschland-welt/politik/artikel/711819/mehr-terrorverdachtige-unter-fluchtlingen

[31] http://www.taz.de/!5037156/

[32] https://www.bamf.de/SharedDocs/Anlagen/DE/Publikationen/Forschungsberichte/fb21-geschlechterrollen.pd __blob=publicationFile

[33] https://www.destatis.de/DE/Publikationen/Thematisch/Bevoelkerung/MigrationIntegration/AuslaendBevoelkerung.html

[34] Tania Kambouri, Deutschland im Blaulicht – Notruf einer Polizistin, Piper 2015

[35] https://www.destatis.de/bevoelkerungspyramide/

[36] http://www.pewforum.org/2015/04/02/religious-projections-2010-2050/

[37] http://www.pewresearch.org/fact-tank/2016/01/06/a-new-estimate-of-the-u-s-muslim-population/

[38] http://www.islamiq.de/2016/01/16/deutschland-groesste-muslimgemeinschaft-in-der-eu/

[39] https://publikationen.uni-tuebingen.de/xmlui/bitstream/handle/10900/46269/pdf/Islam_in_Deutschland_Prognose_2030_Seminarbericht.pdf?sequence=1&isAllowed=y

[40] http://www.bbc.com/news/uk-england-london-36140479

[41] http://www.bild.de/politik/inland/iran/kommt-die-deutsche-muslim-partei-41376260.bild.html

[42] http://www.islamiq.de/2015/10/23/bald-islamische-partei-in-deutschland/

[43] http://www.welt.de/politik/deutschland/article148771570/Eine-tuerkische-Pegida-mitten-in-Deutschland.htm

://www.tagesschau.de/inland/armenien-resolution-bundestag-103.html

://www.amnesty.org/en/documents/pol40/1796/2015/en/

//www.spiegel.de/politik/deutschland/sigmar-gabriel-warnt-saudi-arabien-vor-finanzierung-von-extremismus-
327.html

//www.welt.de/politik/ausland/article138498190/Wie-Saudi-Arabien-deutschen-Salafismus-finanziert.html

//www.cicero.de/berliner-republik/katar-der-finanzielle-schutzpatron-des-terrors/58221
www.welt.de/politik/ausland/article148965354/So-finanziert-sich-der-Islamische-Staat.html
www.zeit.de/politik/ausland/2014-07/islamischer-staat-gotteskrieger-finanzierung-syrien-irak

://www.ksta.de/politik/--4027456

://www.welt.de/print-welt/article341831/Reformer-oder-Wolf-im-Schafspelz.html

://www.welt.de/print/die_welt/hamburg/article138402403/Mehr-Moscheen-als-katholische-Kirchen.html

://www.zeit.de/politik/deutschland/2016-04/moschee-deutschland-tuerkei-imame)

://www.welt.de/politik/deutschland/article154689954/So-naehren-Erdogans-Prediger-Islamismus-in-
hland.html

://kurier.at/chronik/niederoesterreich/erster-imam-musste-oesterreich-verlassen/181.740.754

://www.independent.co.uk/news/world/europe/danish-government-denmark-radical-imams-citizenship-
-mosque-islam-extremism-a6949651.html

://www.bloomberg.com/news/features/2016-04-21/the-2-trillion-project-to-get-saudi-arabia-s-economy-off-oil

ifer; Bläschke: Die Aktivitäten von Staatsfonds in Deutschland; © Böckler-Stiftung;

s://www.bayernkurier.de/inland/10175-professor-fordert-arabisch-als-pflichtfach

://www.liberation.fr/france/2015/10/13/le-grand-remplacement-totem-extreme_1403361

://www.zeit.de/gesellschaft/zeitgeschehen/2016-06/dalai-lama-deutschland-arabisch-fluechtlinge

s://www.opendoors.de/verfolgung/christenverfolgung_heute/christenverfolgung_in_deutschland/

[62] http://www.kath.net/news/55389/print/yes

[63] http://www.taz.de/!5037156/

[64] https://www.kath.ch/newsd/angst-unter-christen-im-libanon-vor-zunehmender-islamisierung/

[65] https://www.europol.europa.eu/content/european-union-terrorism-situation-and-trend-report-2015

[66] http://www.spiegel.de/spiegel/print/d-41558700.html

[67] http://www.spiegel.de/politik/deutschland/oldschool-society-generalbundesanwalt-klagt-mutmassliche-neon terroristen-an-a-1071847.html

[68] http://www.spiegel.de/spiegel/print/d-50109971.html

[69] http://www.faz.net/aktuell/politik/ausland/europa/frankreichs-nationalversammlung-stimmt-fuer-notstandsgesetze-14062927.html

[70] http://www.sueddeutsche.de/politik/fluechtlingspolitik-schaeuble-stuetzt-kurs-der-kanzlerin-1.2820991

[71] http://www.welt.de/politik/deutschland/article150982804/Rechtssystem-in-schwerwiegender-Weise-deformiert.html

[72] http://www.berliner-zeitung.de/einbuergerung-von-tuerkischstaemmigen-als-wahlbetrug-an-deutscher-bevoelkerung-bezeichnet-csu-warnt-vor--islamischer-republik-deutschland--16167412

[73] http://www.fr-online.de/spezials/frankfurt-als-zielscheibe-markiert,1472874,2726796.html

[74] https://youtu.be/k-KaFRbdXMI

[75] http://www.spiegel.de/spiegel/print/d-13507379.html

[76] http://www.welt.de/politik/deutschland/article153708122/Wie-Ein-Euro-Jobs-Fluechtlinge-integrieren-sollen.

[77] http://www.zeit.de/2015/09/diebstahl-krefeld-einbruch-serie/seite-2

[78] http://www.humanrights.ch/de/internationale-menschenrechte/europarats-organe/egmr/urteile/strasbourg-v linterdiction-de-la-burqa-en-france

9832004R00120

Printed in Germany
by Amazon Distribution
GmbH, Leipzig